Alexandra Adler

Individualpsychologie
Anleitung zur Praxis

Aus dem Englischen von
Juliana Hochgatterer

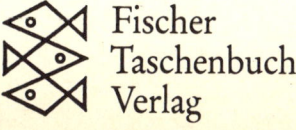

Fischer
Taschenbuch
Verlag

v

Deutsche Erstausgabe
Veröffentlicht im Fischer Taschenbuch Verlag GmbH,
Frankfurt am Main, Juli 1990
Die amerikanische Originalausgabe mit dem Titel
»Guiding Human Misfits; A Practical Application
of Individual Psychology« erschien 1982 im Verlag
Social Interest Press, Inc., Worchester, Ohio
© 1982 Alexandra Adler
Für die deutsche Ausgabe:
© 1990 Fischer Taschenbuch Verlag GmbH, Frankfurt am Main
Lektorat Willi Köhler
Umschlaggestaltung: Buchholz/Hinsch/Hensinger
Gesamtherstellung: Clausen & Bosse, Leck
Printed in Germany 1990
ISBN 3-596-10131-X

Inhalt

Dem Andenken
meines Vaters
ALFRED ADLER
gewidmet

Vorwort

Innerhalb der vergangenen 30 Jahre hat die Psychologie Alfred Adlers im Zuge der Einrichtung von »Kliniken zur psychischen Hygiene«, Beratungs- und Ausbildungszentren und der Veranstaltung nationaler und internationaler Kongresse zunehmend Anwendung gefunden. Dies geschah und geschieht in vielen europäischen Zentren; auch in Israel und in fast jedem Bundesstaat der USA gibt es Einrichtungen für die Behandlung und Ausbildung in Psychotherapie, die sich auf die Individualpsychologie Alfred Adlers gründet.

Wir sind ständig darum bemüht, das Machtstreben des Menschen zu verringern und sein Gemeinschaftsgefühl zu vertiefen. Angesichts der immer größer werdenden Bedrohung der Menschheit durch die Versuche, politische und ökonomische Probleme gewaltsam zu lösen durch Terrorismus und Kriege, die den Fortbestand der Menschheit bedrohen könnten, wird dieses Bemühen heutzutage immer wichtiger.

Wenn dieses Buch das Gemeinschaftsgefühl und damit auch unsere Fähigkeit, Probleme auf einem höheren kulturellen Niveau zu lösen, fördern kann, hat es seinen Zweck erfüllt.

Dr. Alexandra Adler
New York 1982

Vorwort

Beinahe 25 Jahre sind seit dem Erscheinen der überarbeiteten Ausgabe dieses Buches vergangen. Inzwischen hält das Leiden der Menschheit an Krieg und Gewalt unverändert an. Sie sucht verzweifelt nach Führung, in der Hoffnung, diesen unseligen Verlauf der Geschichte zu ändern. Genau wie sich die einzelnen Staaten auf sich selbst gestellt sehen, erlebt auch der einzelne Isolation und Einsamkeit. Versuche zur Zusammenarbeit werden sichtbar, besonders unter jungen Menschen; ihren Bemühungen mangelt es aber an Richtung und an konstruktiver Wirkung.

Im Vorwort zu der 1918 erschienenen Ausgabe von *Der nervöse Charakter*, in der Alfred Adler die Grundprinzipien seiner Individualpsychologie – wie er seine Schule nannte – präsentierte, weist er auf die Notwendigkeit hin, das Machtstreben des Menschen einzuschränken und sein Gemeinschaftsgefühl zu stärken. Adlers Lehre wurde seither in vielen Ländern bekannt und wird in Kliniken und Beratungszentren praktiziert.

Ich hoffe, daß die Neuauflage dieses Bändchens, das auf der Lehre meines Vaters basiert, zu einem besseren Selbstverständnis, einem besseren Verständnis unserer Mitmenschen und zur Verbesserung der zwischenmenschlichen Beziehungen beitragen kann.

Dr. Alexandra Adler
New York 1971

Einleitung

Das Buch von Alexandra Adler, das auf viele Jahre der Forschung und Erfahrung in der Psychotherapie aufbaut, wird für viele Menschen eine angenehme und nutzbringende Lektüre sein. Die Autorin bietet hier wertvolle Prinzipien und praktische Gesichtspunkte all jenen, die in engem Kontakt zu Menschen mit Schwierigkeiten bei der Wirklichkeitsbewältigung stehen. Dr. Adler ist bemüht, die Fakten und Fallbeispiele einfach und ohne komplizierte Hypothesen darzustellen. Trotz ihrer direkten Betrachtungsweise hat das Buch nicht an wissenschaftlichem Wert eingebüßt.

In einer Zeit, da intensive formale Tests, Laboratorien und Kurse in »objektiver Psychologie« eine große Rolle spielen, wird die Bedeutung der unbewußten Motivation leicht übersehen. Rein akademische Untersuchungen können möglicherweise das Verhältnis des einzelnen zur Gesellschaft nicht erfassen, was heute wichtiger denn je ist. Wer Neurosen als lebendige Wirklichkeit behandeln will, muß ein klares Bild vom Standpunkt des Patienten haben, wenn die Therapie erfolgreich sein soll. Wer sich mit Neurosen intensiv beschäftigt, muß eine wichtige Frage beantworten, nämlich: Was ist der fundamentale Konflikt in der Persönlichkeit? Für Alfred Adler, den Begründer der Individualpsychologie, ist es die Beschäftigung des einzelnen mit seinen Unzulänglichkeiten. Diese können tatsächliche körperliche Minderwertigkeiten sein oder nur in der Vorstellung des Patienten bestehen. Alfred Adler hat die verschiedenen Methoden zur Erreichung des jeweils persönlichen Ziels, das für den Patienten Erfolg bedeutet, ausführlich dargestellt. Er betont, daß das Leben eines Menschen weitgehend von seinem Bestreben geprägt ist, seine Handicaps bei der Arbeit, in der Gesellschaft und in der Liebe zu kompensieren oder zu überkompensieren. Alfred Adler verknüpft mit seiner Psychologie, stärker als dies zuvor geschah, das Konzept des »Unbewußten« mit biologischen Faktoren.

In dem vorliegenden Buch folgt Dr. Alexandra Adler den von ihrem Vater dargestellten Prinzipien unter dem Blickwinkel ihrer eigenen klinischen Erfahrungen. Immer wieder betont sie, wie sehr die frühen, entscheidenden Jahre der Kindheit das spätere Leben prägen. Die Behandlung von Neurosen der Kindheit ist ausgezeichnet dargestellt. Grundsätzlich ist es besser, ein Leuchtturm als ein Rettungsboot zu sein, und Pädagogen und Eltern werden diesen Abschnitt des Buches mit Nutzen immer wieder lesen. Dr. Alexandra Adlers Ansichten stützen sich auf vielfältige Erfahrungen; sie sind reich an Bedeutungen und werden in einer für den Laien verständlichen Form dargestellt. Hier werden keine Zahlen, Statistiken und Normen genannt, sondern lediglich Fallbeispiele und prägnante Formulierungen gebracht, die sich aus langjährigem Kontakt mit Menschen ableiten. Ein Kapitel ist dem vielfach vernachlässigten Thema der Psychologie Krimineller gewidmet, die ebenfalls als psychisch kranke Menschen in Konflikt mit der Realität angesehen werden können.

Wenn man gebeten wird, ein Buch für Ärzte, Studenten und Pädagogen zu empfehlen, wird man gut daran tun, dieses Buch von Alexandra Adler als Beitrag zu einem besseren Verständnis der menschlichen Natur zu nennen.

Merrill Moore, M.D.
Boston 1938

1. Grundlagen der Individualpsychologie

Die Individualpsychologie beschäftigt sich mit dem Denken und Fühlen von normalen und abnormalen Menschen. Der Begriff »Individualpsychologie« ist dabei von Bedeutung. Er soll andeuten, daß die bloße Beobachtung psychologischer Phänomene nicht genügt, um sie verstehen zu können, solange man nicht weiß, was diese Phänomene für die jeweilige Person bedeuten. Die einfachsten psychischen Erfahrungen haben für verschiedene Menschen ganz unterschiedliches Gewicht. Wenn drei Menschen an einem kalten Tag ausgehen, mag der eine sagen: »Es ist furchtbar kalt!«, und der zweite: »Wie erfrischend!«, der dritte wiederum: »Herrlich!« Auch komplexere psychische Phänomene, wie zum Beispiel Fürsorglichkeit, bedeuten für jeden Menschen etwas anderes. Der eine mag wirklich Anteil am Leben seiner Mitmenschen nehmen und danach trachten, ihnen ihr Los zu erleichtern. Für den anderen mag wohltätiges Handeln nur ein Mittel zur Beruhigung seines schlechten Gewissens sein. Ein dritter aber ist vielleicht nur wohltätig, um zu zeigen, daß er viel besser oder reicher als die anderen ist. Nur wenn wir psychische Phänomene in Zusammenhang mit einem bestimmten Menschen sehen, bereichern diese Beobachtungen unser Verständnis der Persönlichkeit. Bei ihrer Beschäftigung mit geistig abnormen Menschen befaßt sich die Individualpsychologie besonders mit Schwierigkeiten sogenannter »Problemkinder« und mit Neurosen, einschließlich der Probleme bei Selbstmord, Alkoholismus, Drogenabhängigkeit, sexuellen Perversionen und Kriminalität.

Eine Neurose wird allgemein als seelische Störung psychogenen Ursprungs definiert. Diese weitgehend akzeptierte Auffassung wurde nicht immer vertreten. Im Mittelalter glaubte man in der Regel, Neurosen, vor allem Hysterien, hätten übernatürliche Ursachen. Tausende an Hysterie leidende Menschen wurden verbrannt, weil man meinte, sie wären von Dämonen besessen. Erst am Ende des vorigen Jahrhunderts entdeckten Charcot und Janet, daß die verschiedenen Neurosen Ausdruck seelischer Anomalien sind.

Seit Beginn des 20. Jahrhunderts haben drei Männer das Verständnis und die Behandlung von Neurosen entscheidend beeinflußt: Freud, Adler und Jung. Die folgenden Überlegungen basieren auf den von Alfred Adler entwickelten Prinzipien.

Die Theorie der Individualpsychologie wurde von Alfred Adler 1907 in seinem Buch *Studie über die Minderwertigkeit von Organen*[1] dargelegt. Er zeigte darin, daß Organminderwertigkeit eine entscheidende Rolle bei der Entwicklung eines Menschen spielen kann. Menschen reagieren unterschiedlich auf ihre besondere Organminderwertigkeit. Einige leiden schwer unter ihrer Behinderung und haben ständig das Gefühl, daß sie auf Grund dessen nicht in der Lage seien, den durchschnittlichen Anforderungen des Lebens gerecht zu werden. Sie glauben, ihr Schicksal sei besiegelt. Wir können diese Haltung bei jenen linkshändigen Kindern beobachten, die sich nie eine leserliche Handschrift aneignen und ihr ganzes Leben lang unbeholfen und ungeschickt bleiben. Ein ähnlicher Mechanismus ist bei anderen Arten der Organminderwertigkeit zu erkennen, wie zum Beispiel bei Menschen mit Sehschwächen, eingeschränktem Hörvermögen, mit Plattfüßen, bei extrem kleinen Menschen und bei Gehbehinderten etc.

Wir sagen, daß ein Mensch an einem Minderwertigkeitskomplex leidet, wenn er fatalistisch auf eine echte oder nur vorgestellte lähmende bzw. einschränkende Situation reagiert und nicht versucht, seine Lage zu ändern oder zu verbessern. Dieser Minderwertigkeitskomplex sollte nicht mit dem Minderwertigkeitsgefühl verwechselt werden, das jeder, besonders aber jedes Kind, in gewissen Situationen verspürt und das normalerweise zu einer positiven weiteren Entwicklung anspornt. Menschen, die an einer bestimmten organischen Minderwertigkeit leiden, können auch durch ihre Behinderung sehr angespornt werden, und indem sie gegen ihre Probleme ankämpfen, entwickeln sie sich oft weit über Durchschnitt hinaus, weil sie sich eben mehr als andere anstrengen. Beethoven schreibt in einem Brief, als seine fortschreitende Taubheit bereits ein extremes Stadium erreicht hatte, er sei entschlossen, mit seinem Schicksal zu kämpfen. Und er eroberte sich die Welt, die ihm verschlossen war, in einer seiner schönsten Symphonien zurück, in der

---

[1] Adler, Alfred, *Studie über die Minderwertigkeit von Organen*. Fischer Taschenbuch 6349.

»Pastorale«, in der wir den Gesang von Vögeln und das Grollen eines Gewitters hören. Es gibt zahlreiche weitere Beispiele: linkshändige Maler und Bildhauer, Musiker, die an Hörstörungen litten, kleinwüchsige Weltklasseläufer sowie Redner, die stotterten usw. Im Leben dieser Menschen kann man den Prozeß der Kompensation und Überkompensation ihrer ursprünglichen Behinderung verfolgen, der schließlich zur erfolgreichen Lösung ihrer Probleme führte.

Jedes Individuum muß sich mit drei wichtigen Lebensfragen auseinandersetzen: mit seiner Anpassung an die Gesellschaft, mit dem Problem der Berufswahl und dem der Liebe.

Im Vergleich zu anderen Lebewesen ist der Mensch ein sehr schwaches Geschöpf, das ohne die Hilfe seiner Artgenossen nicht überleben könnte. Soweit wir die Geschichte zurückverfolgen können, entdecken wir, daß Menschen immer in Gruppen zusammengelebt haben. Überall ist das für die Entwicklung und das Überleben grundlegende Bedürfnis nach engen Beziehungen zu erkennen. Viele Fähigkeiten gründen sich auf eben diesem Bedürfnis. So ist zum Beispiel die Entwicklung der Sprache kaum vorstellbar, wenn nicht der Drang bestanden hätte, miteinander in einer möglichst effektiven Form zu kommunizieren. Ein Mensch, der dieses Bedürfnis nicht verspürt, wird vermutlich in seinem jeweiligen Umfeld scheitern. Es gibt Menschen, die, sobald sie anderen begegnen, nicht mehr sprechen können, verlegen werden und erröten und das Gefühl haben, nicht mehr richtig denken zu können. Diese Menschen können auch andere Probleme des Zusammenlebens nicht bewältigen und zeigen ein mangelndes Interesse am Wohlergehen anderer. Die Gründe für diese unzureichende Anpassung sind in jedem Fall verschieden gelagert. Ein interessantes Phänomen kann bei überbehüteten und verzärtelten Kindern, deren Mütter und Kindermädchen ihnen jeden Wunsch von den Augen ablesen, beobachtet werden. Bei solchen Kindern ist es wahrscheinlich, daß sie erst sehr spät, manchmal erst mit vier oder fünf Jahren, zu sprechen beginnen. Aus diesem Grund kann es auch sein, daß sie fälschlicherweise für geistig behindert gehalten werden.

Jedem Menschen stellt sich das Problem, entscheiden zu müssen, wie er der Gesellschaft nützen kann. Dies zeigt sich in der Regel bereits sehr früh, wenn Kinder ernsthaft erklären, sie wollten einmal Lastwagenfahrer, Polizist oder Feuerwehrmann werden. Wenn ein 13- oder 14jähriger der Berufswahl immer noch gleichgültig gegenübersteht, so kann das ein bedenkliches Zeichen sein. Dadurch läßt er nämlich erkennen, daß er es immer noch für selbstverständlich hält, daß andere für ihn da sind, auch wenn er keine Gegenleistung erbringt.

Die Art und Weise, wie ein Mensch mit der Liebe und mit sexuellen Problemen umgeht, verrät viel über seinen Charakter. Eine echte Lösung dieser Probleme setzt voraus, daß die Bedürfnisse zweier Menschen und nicht nur die eines berücksichtigt werden. Menschen, die sich angewöhnt haben, in sexuellen Fragen nur an sich selbst zu denken, neigen nicht nur dazu, ihre Partner zu verletzen, sie laufen auch Gefahr, neurotische Verhaltensweisen und sexuelle Perversionen zu entwickeln.

Um das Verhalten eines Menschen verstehen zu können, muß man sein Lebensziel, seine Sehnsüchte kennen. Dies soll durch das folgende Beispiel verdeutlicht werden. Wenn man an einem kalten Wintertag einen Mann in der Badehose im Freien sieht, könnte man natürlich denken, er sei nicht ganz richtig im Kopf; wenn man dann aber erfährt, daß er im Fluß schwimmen gehen möchte, wird man sein seltsames Verhalten verstehen. Niemand, der dies vorhat, könnte anders handeln. Zu dieser Jahreszeit schwimmen zu wollen, mag unvernünftig erscheinen, aber bezogen auf das Handlungsziel ist das Verhalten durchaus logisch. Aufgrund bloßer Beobachtung können wir das Verhalten von Neurotikern nicht verstehen, wenn wir das Ziel, das hinter diesem Verhalten steht, nicht kennen.

Bestimmte Verhaltensmuster sind typisch für Neurotiker. Eines davon ist eine gewisse zögernde Haltung, die bei Menschen auftritt, die ihre Aufgaben gern hinausschieben, weil sie immer wieder Hindernisse entdecken, die sie angeblich von ihrer Pflichterfüllung abhalten. Dies ist gewöhnlich bei Neurasthenikern zu beobachten, bei Menschen, die keine Arbeit beginnen und sich nicht konzentrieren können, weil sie sich zu schwach oder zu nervös fühlen. Der Patient mag am Morgen nicht fähig sein aufzustehen, aber am Abend, wenn keine Arbeit mehr zu erledigen ist, fühlt er sich frisch und munter. Ähnliche Verhaltensweisen lassen sich oft bei Stotterern beobachten. Sie haben häufig die Gewohnheit, Entscheidungen aufzuschieben, »stottern« also nicht nur beim Sprechen, sondern auch bei ihren Handlungen. Das Aufschieben von Entscheidungen bedeutet für sie, Niederlagen aus dem Weg zu gehen, ein durchaus angenehmer Schutzschild für arme Verlierernaturen.

Andere Neurotiker engen ihr Leben und ihre Einstellung zum Leben ein, indem sie gewisse Bereiche ausschließen. Diesen Typ findet man häufig unter Wissenschaftlern, die sich nur für einen Teil menschlicher Aktivität, nämlich für ihren Beruf, interessieren. Sie kleiden sich oft seltsam, erröten, wenn sie mit Vertretern des anderen Geschlechts zusammentreffen, und interessieren sich beispielsweise nur für einen bestimmten Knochen eines Fossils. Diese Menschen mögen auf ihrem Gebiet Außergewöhnliches leisten. Daß sie aber für andere Lebensbereiche ungenügend vorbereitet sind, zeigt sich, wenn sie gezwungen werden, ihre geschützte Position zu verlassen, etwa dann, wenn sie ihre Stellung verlieren. Auch der Tod der Eltern oder die Entscheidung für bzw. gegen eine Ehe können zu einem Nervenzusammenbruch führen.

Ähnliche einschränkende Attitüden finden wir bei bestimmten Fällen sexueller Perversion, die Menschen davon abhalten, Kinder zu haben oder etwas für ihren Partner zu empfinden.

Andere Neurotiker verhalten sich so, als machten sie dauernd Umwege um die wirklichen Anforderungen des Lebens. Sie befinden sich ständig auf einem selbst verordneten Schlachtfeld, sie tun so, »als ob« sie etwas leisteten, doch in Wirklichkeit verschwenden sie nur ihre Zeit. Dies geschieht in bestimmten Fällen der Zwangsneurose, bei welcher der Patient immer mehr Hindernisse vor sich aufbaut, die ihn von einer konstruktiven Tätigkeit abhalten. Bei einigen Neurosen ist das Ziel der Symptome auch für Laien ohne Kenntnisse in Psychopathologie leicht zu erkennen. Dies gilt für viele Formen der Hysterie, besonders für die Kriegsneurose, die Soldaten befällt, die den Horror der Schlachten nicht länger ertragen können und wollen. Bei den meisten anderen Neurosen ist das Ziel des Patienten nicht so offensichtlich und kann nur bestimmt werden, wenn man die Persönlichkeit als Einheit betrachtet. Die Zusammenfassung aller Lebensäußerungen eines Menschen ergibt seinen »Lebensstil«. Ihn können wir mit dem Stil eines Musikers vergleichen. Ein Musikexperte kann nach nur ein paar Takten Musik oft den Komponisten angeben. In der gleichen Weise bilden alle Äußerungen einer Persönlichkeit eine Einheit.

Typisch für den neurotischen Stil ist eine »Ja-aber-Haltung«. Ihrer eigenen Logik folgend, sagen Neurotiker zwar »Ja« zu den ihnen gestellten Aufgaben, indem sie jedoch zugleich »Aber« sagen, weisen sie auf all die Schwierigkeiten hin, die sie am eigentlichen Handeln hindern. Und so bauen sie Symptom um Symptom auf, hinter denen sie sich dann verstecken und die sie gleichzeitig als Schutzschirm benutzen, um nicht in die Feuerlinien des Lebens zu geraten.

Bei allen Neurotikern können wir einen mehr oder weniger ausgeprägten Mangel an Gemeinschaftsgefühl konstatieren. Dieses Sozialgefühl entsteht bei normalen Bedingungen in der frühen Kindheit und entwickelt sich im Kontakt mit der Realität ständig weiter. Ein Beispiel dafür wurde neulich in einer Zeitung berichtet: Ein fünfjähriger Junge war mit seinen Brüdern (vier Monate und drei Jahre alt) allein zu Hause. Als ein Feuer ausbrach, nahm er das Baby auf den Arm, packte den anderen Bruder und verließ das von Rauch erfüllte Haus. Als er anschließend befragt wurde, sagte er lächelnd, daß ihm seine Mutter die kleinen Brüder anvertraut hätte. Im Gegensatz zu dem richtigen Verhalten dieses Jungen finden wir in der frühen Kindheit oft einen Mangel an Gemeinschaftsgefühl. Es ist äußerst wichtig, den Grund dafür so früh wie möglich festzustellen, denn je früher man eine Fehlanpassung erkennt, desto besser kann man sie durch erzieherische Maßnahmen beheben.

2. Die Kindheit als Vorbereitung auf das spätere Leben

Die Frage, wie sehr Vererbung und Umweltfaktoren die charakterliche Entwicklung eines Kindes beeinflussen, ist bis heute umstritten. Moderne Psychologen verschiedener Schulen zogen sich Kritik zu, weil sie die Gesamtentwicklung entweder ausschließlich auf Umweltfaktoren oder zum Großteil auf Erbfaktoren zurückführten. Die Individualpsychologie versucht der Wahrheit möglichst nahezukommen, indem sie sowohl Umwelt- als auch Erbfaktoren in Betracht zieht. Sie beschäftigt sich mit der individuellen Reaktion auf eine gegebene organische Behinderung, die sich nach dem Grad der persönlichen Anpassung richtet. Für die Praxis der Pädagogik ist die Reaktionsweise auf somatische Leiden von größter Bedeutung, da sie modifiziert werden kann, während das bei den konstitutionellen Faktoren nicht möglich ist.

Drei Gruppen von Kindern sind besonders anfällig für die Entwicklung von Neurosen: verzärtelte Kinder, ungeliebte Kinder und Kinder mit organischer Minderwertigkeit; die verwöhnten Kinder bilden die größte Gruppe. Manchmal ist es schwer festzustellen, wer das Kind verhätschelt hat. Häufig sind die Großeltern allzu nachsichtig. Das ist nur verständlich, weil sich heutzutage ältere Menschen in einer Position befinden, um die man sie nicht beneiden kann; sie fühlen sich mehr oder weniger überflüssig. Das kann sie zu dem Wunsch verleiten, im Herzen ihrer Enkelkinder einen wichtigen Platz einzunehmen. Ein solches Kind meint, die ganze Welt drehe sich nur um seine Person. Es braucht nur einen Wunsch auszusprechen, und schon wird er erfüllt; es bekommt alles, ohne dafür selbst etwas geben zu müssen. Schwierigkeiten können dann auftreten, wenn das Kind seine günstige Position verliert, etwa durch die Geburt eines zweiten Kindes. Es wird dann darum kämpfen, seine Stellung zu behaupten, da es nicht gelernt hat, mit anderen zu teilen. Häufig wird ein solches Kind zum Bettnässer, weil es sich die Aufmerksamkeit der Mutter nicht nur bei Tag, sondern auch während der Nacht sichern will. Die Mutter muß dann seinetwegen häufig aufstehen, um das Bettnässen zu verhindern.

Auch Schulen können sich zu sehr auf ein Kind einstellen. Das passierte einem Mädchen in einer Grundschule, die es im Alter von sechs bis zehn Jahren besuchte. Die meisten Kinder in dieser Schule kamen aus ärmeren Verhältnissen und waren, wie das leider oft der Fall ist, ein wenig zurückgeblieben im Vergleich zu Kindern aus Familien von höherem intellektuellem Niveau. Für das Mädchen war es leicht, Klassenbeste zu sein. Immer wieder wurde ihr gesagt, wie intelligent sie sei. Wenn sie die Antwort auf eine Frage einmal nicht wußte, suchte die Lehrerin dieses Versagen zu entschuldigen, indem sie meinte, daß sich das Kind vielleicht nicht ganz wohl fühle oder Kopfschmerzen habe. Später trat das Mädchen in eine anspruchsvolle Mittelschule ein. Nach einigen Monaten zeigten ihre Zeugnisse einen deutlichen Leistungsabfall in Mathematik. Ihre Lehrerin erklärte ihr eines Tages, sie könne nicht in die nächste Klasse versetzt werden. Das Mädchen war sehr beeindruckt von dieser Erklärung und war überzeugt davon, daß die Vorhersage der Lehrerin eintreten werde. Damals erzählte sie ihrem Vater von ihrer mißlichen Situation. Zu ihrer Überraschung fragte sie ihr Vater: »Warum glaubst du, daß die Lehrerin genau weiß, was du tun wirst? Du meinst offensichtlich, alles müsse so weitergehen wie in deiner alten Schule, ohne daß du dich anstrengen mußt. Aber nichts auf der Welt geht von alleine gut. Du glaubst doch nicht wirklich, daß du diese Kleinigkeiten, die andere schaffen, nicht auch bewältigst, wenn du dich bemühst?« Das änderte ihre Einstellung grundlegend, und sie begann, eifrig zu lernen. Nach zwei Wochen war sie die Beste in Mathematik, und sie hatte auch nie mehr Schwierigkeiten in der Schule. Anschließend erklärte ihr die überraschte Lehrerin, sie hätte bestimmt versagt, wenn sie ihr nicht gedroht hätte. Die Lehrerin erkannte, wie so häufig in solchen Situationen, nicht, daß das Mädchen nur deshalb Erfolg gehabt hatte, weil es die Drohung in den Wind geschlagen hatte, also nicht aufgrund, sondern trotz der Drohung erfolgreich gewesen war.

Es ist unwahrscheinlich, daß ein verhätscheltes Kind eine neue herausfordernde Situation bewältigt, denn es braucht dauernd Schutz und Sicherheit. Zu jedem Zeitpunkt kann das Leben eine Neuanpassung erfordern, zu der das Kind nicht fähig ist.

Traurig ist das Kapitel über ungeliebte Kinder. Verhältnismäßig viele von ihnen sind uneheliche Kinder. Sie haben niemals die enge Gemeinschaft mit Eltern erlebt und vermissen besonders die Beziehung zur Mutter. Dieser Mangel zeigt sich vielfach in ihrer Unfähigkeit, befriedigende soziale Kontakte herzustellen. Sie wachsen auf, als wären sie von Feinden umgeben; immer fürchten sie, vernachlässigt zu werden, und ständig kämpfen sie ohne Rücksicht auf andere. In manchen Fällen führt dies zu einer kriminellen Laufbahn. Wir wissen aber, daß auch andere Faktoren, besonders übermäßiges Verzärteln, kriminelle Neigungen nach sich ziehen können.

Eines der bekanntesten Beispiele für eine Überkompensation als Reaktion auf eine organische Schwäche ist Helen Keller, die unter der anspornenden Leitung ihrer Lehrer außerordentliche Leistungen vollbrachte. Im Unterschied dazu beobachten wir oft unglückliche Reaktionen auf körperliche Behinderungen, so zum Beispiel in einigen Fällen von schwerer Rückgratverkrümmung. Diese Kinder werden von anderen oft ungerecht behandelt und verspottet. Sie werden später häufig mißtrauisch und suchen überall Beleidigungen und unfreundliches Verhalten ihnen gegenüber zu entdecken.

Die frühe Kindheit eines Genies ist für Pädagogen natürlich sehr interessant. Statistiken zeigen, daß sowohl körperbehinderte als auch vollkommen gesunde Menschen große Talente entwickeln können. Allen gemeinsam ist jedoch ein intensives, sehr früh einsetzendes Training. Einige entwickeln sich glänzend trotz gegenteiliger Prognosen, weil sie fortwährend gegen ihre Probleme ankämpfen. Als Beispiel zitiere ich aus *Edison; His Life, His Work, His Genius* (S. 42)[1]: Seine Zeit im weißen Schulhaus von Port Huron war kurz. Der Lehrer erklärte einem Inspektor während einer Anhörung, der Junge sei »ein Hohlkopf«, und er sei es nicht wert, die Schule länger zu besuchen. Der Junge war in seinen Gefühlen so verletzt, daß er zu Hause in Tränen ausbrach und der Mutter seinen Kummer klagte... ›Damals ging mir auf, was für eine feine Sache die Mutter ist. Sie ging mit mir zur Schule zurück und erklärte dann dem Lehrer empört, er wisse wohl nicht, worüber er spreche. Sie war die eifrigste Fürsprecherin, die sich ein Junge wünschen kann, und da-

---

[1] Simonds, William Adams: *Edison; His Life, His Work, His Genius* 1934; zitiert mit freundlicher Genehmigung von The Bobbs-Merrill Company.

mals beschloß ich, daß ich mich ihrer würdig erweisen und ihr zeigen würde, daß sie ihr Vertrauen nicht vergeblich in mich gesetzt hatte.‹ Nancy Elliot Edison übernahm dann den Unterricht ihres Sohnes.

›Eines Tages spielten einige von uns vor dem Haus‹, erinnerte sich später einer von ihnen [1] Al (Edison) in unserer Mitte, als eine nette, freundlich aussehende Lady auf der Veranda erschien. Sie rief mit angenehmer Stimme: ›Thomas Alva, komm jetzt zum Unterricht.‹ Der Junge gehorchte wortlos… ›Im Alter von zehn Jahren hatte er bereits Bücher wie Gibbons Decline and Fall of the Roman Empire, Humes History of England, Sears History of the World, Burtons Anatomy of Melancoly, und das Dictionary of Sciences gelesen. Er führte die Experimente aus Parkers Buch durch, soweit er dazu in der Lage war‹.

Wie es heißt, steht ein Genie oft sehr früh auf. Dies ist ein weiteres Zeichen für seine Neigung zu langer und schwerer Arbeit. Die Erkenntnisse eines Genies sind nicht als Resultate einer plötzlichen, übernatürlichen Eingebung anzusehen, sie sind vielmehr akkumulierte Ergebnisse langen und ausdauernden Trainings. Seine Ideen beziehen sich immer auf sein jeweiliges Spezialgebiet. Vom griechischen Mathematiker Archimedes, der eines Tages plötzlich aus dem Bad sprang, nackt durch die Straßen lief und schrie, er habe soeben das Gesetz des Auftriebs entdeckt, hätte man wohl kaum die Entdeckung eines ästhetischen Gesetzes von ähnlicher Wichtigkeit erwarten können.

Wenn man die Erbanlagen als wichtigsten Faktor der Charakterentwicklung ansieht, muß man annehmen, daß Kinder einer Familie einander ähnlich sind. Aber bekanntlich unterscheiden sie sich in psychischer Hinsicht erheblich voneinander. Der Individualpsychologe hat auf verschiedene, typische Situationen hingewiesen, die auf das heranwachsende Kind einen bestimmten Eindruck machen müssen, Situationen, die sich aus der Position des Kindes in der Familie ergeben. Ich möchte aber betonen, daß jedes Kind anders darauf reagiert. Irgendwie muß es aber stets reagieren. Einige Neigungen können als grundlegend angesehen werden.

Das zweite Kind einer Familie verhält sich oft so, als ob es dauernd

---

[1] John F. Talbot, später Herausgeber des *Commercial* in Port Huron.

unter Druck stünde, weil es darin die beste Methode sieht, den älteren Bruder bzw. die ältere Schwester zu übertreffen, die für es eine ständige Herausforderung darstellen. Sehr oft kämpft es vehement um die Gleichberechtigung mit anderen. Das bedeutet, daß es stets ängstlich darauf bedacht ist, nicht zurückgesetzt zu werden. Es stößt sich an jeder Form von Autorität. Eine Haltung, die oft sein ganzes weiteres Leben hindurch beobachtet werden kann. Das zweite Kind lernt oft, angeregt durch das Beispiel des älteren Bruders oder der älteren Schwester, schneller und leichter lesen und schreiben. All diese Verhaltensmuster mögen ihm gut anstehen, vorausgesetzt, es weiß seinen Eifer in die richtigen Bahnen zu lenken. Aber häufig bleibt das Bemühen, die Umwelt den eigenen Vorstellungen anzupassen, bestehen, und das Kind hält starr an seiner früheren Auffassung von Erfolg fest. Dies kann zu großen sozialen Spannungen führen.

Das älteste Kind muß der Erwartung, daß es das klügste sei, gerecht werden und muß oft Verantwortung für die anderen Geschwister übernehmen. Manchmal ist das für das Kind eine Belastung, mit der es nicht fertig wird, besonders wenn es sich von einem überaktiven Bruder oder einer überaktiven Schwester bedroht fühlt. Eine derartige Situation kann dazu führen, daß das älteste Kind aufgibt und versucht, jeglicher Verantwortung auszuweichen. Dies zeigt sich an einem Fall, auf den ich in einem späteren Kapitel zurückkommen werde: bei dem ältesten Kind in einer längeren Geschwisterreihe, einem Jungen, der als einziger in der Familie straffällig wird. Andererseits kann das erstgeborene Kind auch in dem Glauben aufwachsen, seine jüngeren Geschwister hätten ihm zu gehorchen. Solange es sein Verhalten nur auf die Familie beschränkt, kommt es mühelos zurecht, aber im Umgang mit anderen Leuten könnte es seinen Einfluß und seine Macht überschätzen.

Dem jüngsten Kind galt schon immer das allgemeine Interesse, wie sich in der Bibel und in Märchen zeigen läßt. Eines der besten Beispiele ist die Geschichte vom Däumling, der Siebenmeilenstiefel anzieht und der schneller und listiger als all seine Brüder den Riesen aufsucht und ihn tötet. Das jüngste Kind tanzt oft vollkommen aus der Reihe. So kann es zum Beispiel vorkommen, daß in einer Akademikerfamilie, in der alle Kinder ein Universitätsstudium absolvieren, das jüngste Kind Tänzer oder Schauspieler wird. Oft verdient es früher als seine Geschwister viel Geld. Diese Haltung resultiert aus dem Wunsch, nicht zurückgelassen zu werden, was der Fall wäre, wenn sich das jüngste im gleichen Tempo wie all die älteren Kinder entwickelte. Häufig hängt das jüngste Kind aufgrund seiner Position in der Geschwisterreihe besonders an der Mutter, die gerne bereit ist, es zu verhätscheln. Jede Familienkonstellation stellt ein konkretes Problem dar. Auch ob ein Junge von Jungen gefolgt wird oder von einem Mädchen, beeinflußt die Situation. Mädchen entwickeln sich in bestimmten Phasen schneller als Knaben, und daher kann es vorkommen, daß ein Mädchen seinen älteren Bruder dominiert.

Eingehend wurde auch die Entwicklung von Zwillingen untersucht. Es ist bekannt, daß Zwillinge, die einander ähnlich sehen, fast immer unzertrennlich sind und glänzend miteinander auskommen. Weil sie von ihren Eltern und anderen in der Regel gleich behandelt werden, erkennen sie: Was gut für den einen, ist auch gut für den anderen; daher werden sie nicht miteinander streiten. Wir wissen, daß im Alltag das Wohlwollen unseren Mitmenschen gegenüber stets eine gute Grundlage für Freundschaft und Kameradschaft bildet. Aber unglücklicherweise fühlen sich Zwillinge oft nur als ein Teil eines Ganzen, solange sie getrennt sind. Viele von ihnen fühlen sich unzulänglich, wenn sie auf sich selbst gestellt sind.

Bei all diesen Überlegungen darf man nicht vergessen, daß in keinem Fall feste Regeln aufgestellt werden können. Jedes Kind reagiert ganz individuell auf spezifische Situationen.

3. Neurosen der Kindheit

Aus der Beschäftigung mit den Neurosen von Kindern gewinnen wir wichtige Informationen, die uns helfen, gewisse neurotische Mechanismen der Kindheit und des späteren Lebens zu verstehen. Manchmal läßt sich die Entstehung der Neurose verfolgen. Häufig zeigen Kinder, wie in den folgenden Fallbeispielen zu sehen, neurotische Symptome, die *die gleiche* Struktur aufweisen wie die neurotischen Symptome Erwachsener. Ihr Leben wird ganz von diesen Symptomen bestimmt, und sie fühlen sich nicht in der Lage, sie zu kontrollieren. Dies geschieht bei bestimmten Zwangsneurosen der frühen Kindheit. Häufig aber zeigen Kinder auch die Tendenz, mit Vorstellungen, die Zwängen ähneln, nur zu *spielen*, als ob sie den Wert eines Symptoms und seine Wirkung auf die Umgebung nur ausprobieren wollten. Manchmal beobachten wir, daß Kinder ihre Eltern ganz bewußt täuschen. Sie geben zum Beispiel vor, sich vor dem Überqueren der Straße zu fürchten, wenn sie nicht bei der Hand genommen werden, später jedoch gestehen und demonstrieren sie lachend, daß sie sehr wohl ohne fremde Hilfe über die Straße gehen können. Andere Kinder, die zunächst behaupteten, nicht von einem erhöhten Platz herabklettern zu können, können jede Hilfe ablehnen, nachdem man ihnen eine Weile zugeredet und ihnen Beistand angeboten hat, und lächelnd allein herabsteigen. Es gibt Hunderte solcher Beispiele. Dieser Weg, Mitgefühl zu wecken, dürfte bestimmten Gruppen von Kindern besonders liegen, und sie werden ihn in Erinnerung behalten. Unter ungünstigen Umständen können diese dramatischen Aufführungen zur Entwicklung von neurotischen Symptomen führen. Ihre Bedeutung entzieht sich dem Verständnis des Betroffenen immer mehr und wird schließlich ins »Unbewußte« verdrängt. Wir dürfen nicht vergessen, daß während der gesamten Kindheit verschiedene Verhaltensweisen ausprobiert werden und daß die, welche das Kind für besonders wichtig und wirkungsvoll hält, beibehalten und weiterentwickelt werden.

Das spezifische neurotische Symptom ist immer wirkungsvoll, weil es das Ergebnis einer intelligenten Entscheidung des Patienten ist. Das erklärt, warum wir die eindrucksvollsten neurotischen Symptome, wie zum Beispiel schwere Zwangshandlungen, in der Regel dort finden, wo es Konkurrenten gibt. In Familien von Patienten mit schweren Zwangsneurosen finden wir daher typischerweise ein weiteres Mitglied, gewöhnlich Vater oder Mutter, das manifest neurotisch ist und fortwährend betont und beklagt, es sei so nervös, daß es eigentlich die Aufmerksamkeit und Fürsorge verdiente, die dem Patienten zukomme. Diese Situation hilft uns zu verstehen, warum Kinder, wenn ein Elternteil oder ein anderer naher Verwandter neurotisch oder psychotisch ist, ebenfalls eine Neurose entwickeln, deren Symptome gewöhnlich eindrucksvoller und daher »schwerwiegender« sind als die des Angehörigen.

Diese Mechanismen werden in der Geschichte eines neurotischen Jungen deutlich.

Der Patient war der achtjährige Sohn eines Ingenieurs. Er besuchte die vierte Klasse und hatte eine um drei Jahre jüngere Schwester.

Der Bruder des Vaters litt an einer Schizophrenie und lebte während der ersten Lebensjahre des Kindes in dessen Familie. Der Onkel erschreckte den Jungen durch seine Aggressivität. Als der Junge vier Jahre alt war, begann ihn der Onkel eines Tages plötzlich zu schlagen. Er prügelte ihn fast bis zur Bewußtlosigkeit und fügte ihm mehrere blutende Wunden zu. Erst danach trennte man den Onkel von dem Kind, das den Vorfall in lebhafter Erinnerung behielt.

Unter den Nachkommen von Psychotikern finden sich mehr Psychotiker und Neurotiker als in Familien psychisch gesunder Menschen. Bis jetzt wissen und verstehen wir von dieser Tatsache jedoch wenig und können lediglich Theorien darüber aufstellen. Auch wenn wir annehmen, daß irgendein vererbtes psychisches Merkmal die Ursache psychischer Störungen in der nächsten Generation sein könnte, so wissen wir doch nicht, was dies genau ist. Unter diesen Umständen kann es ebensogut sein, daß manche Menschen auf bestimmte Organminderwertigkeiten mit einer Psychose reagieren. Das kann der für Schizophrene typische leptosome Körperbau sein oder der extrem pyknische bei manisch-depressiven Psychosen. Es liegt andererseits auf der Hand, daß ein an einer Psychose oder schweren Neurose leidendes Familienmitglied die Situation erschwert. Eines läßt sich dabei immer beobachten: Kommt es in einer Familie zu einer Psychose, fürchten die Eltern immer, daß eines ihrer Kinder ebenfalls eine Psychose entwickelt. Dies war auch bei unserem Patienten der Fall:

Die Eltern beobachteten den Jungen ständig, um etwaige Anzeichen einer Schizophrenie zu entdecken. Die Mutter war daher äußerst beunruhigt, als ihr Sohn sie einige Tage vor der Geburt des zweiten Kindes zu sich ans Bett rief und sie bat, die ganze Nacht bei ihm zu bleiben, weil er voller Angst glaubte, die Blumen auf der Tapete bewegten sich.

Vermutlich hatte sich der Junge vernachlässigt gefühlt, weil die Mutter mit der kurz bevorstehenden Geburt des zweiten Kindes sehr beschäftigt war. Man kann oft beobachten, daß Kinder nicht nach, sondern kurz vor der Geburt eines weiteren Kindes zu Schwierigkeiten neigen. In jedem Fall bedeutet diese Reaktion, daß sich das Kind davor fürchtet, die ungeteilte Aufmerksamkeit der Mutter zu verlieren. Wir können annehmen, daß sich nach der Geburt der Schwester dieses Jungen noch andere Schwierigkeiten ergeben haben.

Die Eltern erzählten mir, daß der Junge seine Schwester sehr mochte und gern mit ihr spielte. Aber irgendwie konnte diese Zuneigung nicht ganz überzeugen. Er war nur nett zu ihr, solange er allein mit ihr spielte. Sobald andere Freunde um sie herum waren, wurde er sehr eifersüchtig, bekam Wutanfälle, schlug sich mit den anderen Kindern und ließ dann meist seine Schwester allein.

Wir sehen deutlich, daß er seine Schwester nur gern hatte, solange er sie als sein alleiniges Eigentum betrachten konnte und solange er sich nicht von irgendwelchen Rivalen eingeschüchtert fühlte.

Die Beziehungen zu seinen Freunden verliefen ähnlich. Er hatte große Schwierigkeiten, mit ihnen zu spielen, und er hatte praktisch keinen guten Freund. Seine Eltern glaubten, er wäre zu schüchtern, um Spielkameraden zu haben.

Schüchternheit ist die Reaktion von Menschen, die sich in all ihren Aktivitäten selbst einschränken. So können sie Situationen, die möglicherweise zu einer persönlichen Niederlage führen, aus dem Weg gehen.

Der Patient hatte auch Einschlafschwierigkeiten und bestand darauf, daß seine Schlafzimmertür offen gelassen würde. Er erwartete

*von seinen Eltern, daß sie am Abend immer wieder nach ihm sähen,
um sich zu vergewissern, daß er bereits eingeschlafen sei.*

Andere Kinder wären vielleicht zu Bettnässern geworden und hätten letztlich den gleichen Effekt erzielt, nämlich ihre Eltern stets in ihrer Nähe zu wissen. Der besagte Patient entwickelte immer mehr die Haltung eines Menschen, der meint, er tue recht daran, für andere ein Problem darzustellen, denn für ihn war dies der einzige Weg zum Erfolg. Wir dürfen annehmen, daß er nicht in der Lage wäre, große Belastungen zu ertragen.

Als er acht Jahre alt war, geschah eines Tages eine Katastrophe. Beim Spielen fiel er auf einen spitzen Stein und zog sich eine tiefe Wunde an der linken Wange zu, die eine häßliche Narbe hinterließ.

Eine derartige Entstellung würde für jedes Kind eine Belastung sein, doch für ihn war sie aber unerträglich. Er glaubte, die Niederlage, die er ständig gefürchtet hatte, sei nun tatsächlich eingetreten. Die Sorge darüber, was andere von ihm denken könnten, wurde beherrschend.

Kurz nach seinem Unfall wurde sein Zustand zusehends schlechter. Man beobachtete, daß er wiederholt abwechselnd auf seine Finger blies, ohne eine Erklärung dafür geben zu können. Seine schulischen Leistungen wurden schlechter. Schließlich erzählte er seinen erschrockenen Eltern, daß er an »Tagalpträumen« litt; er hatte dieses Wort selbst erfunden. Als er damals zu mir kam, erzählte er mir, daß diese »Tagalpträume« besonders während der Mathematikstunden in der Schule auftraten, sie bestanden aus bestimmten Zwangsvorstellungen. Er hatte zum Beispiel oft das Gefühl, daß er laut »Warte ein wenig!« sagte. Er wußte aber, daß er dies nicht wirklich tat. Er meinte auch, daß er manchmal »Halt das Maul!« rief. Zusätzlich glaubte er noch, er würde im Klassenzimmer herumspucken, und die Füllfeder, mit der er gerade schrieb, würde zu Boden fallen. Obwohl er wußte, daß dies nicht wirklich der Fall war, konnte er sich von diesen Vorstellungen nicht befreien.

Wir können die zwanghafte Vorstellung, »Warte ein wenig!« zu sagen, als Ausdruck seiner zögernden Haltung verstehen, die wir häufig bei Neurotikern finden. Der gleiche Mechanismus manifestiert sich in der Vorstellung, seine Füllfeder falle ihm aus der Hand, denn dies würde zu einer Unterbrechung seiner Arbeit in der Mathematikstunde führen. Seine feindliche Haltung der Umwelt gegenüber zeigt sich auch in der Vorstellung des Herumspuckens und in den eingebildeten Worten »Halt das Maul!«. Unfreundlichkeit ist oft typisch für Neurotiker, die kein positives Interesse an ihrer Umgebung haben und die schwere Verhaltensstörungen gegenüber Problemen der Arbeitswelt und zwischenmenschlichen Beziehungen entwickeln können.

Ein anderes Symptom wurde von dem Jungen besser und genauer beschrieben, als das bei Kindern seines Alters normalerweise der Fall ist. Er litt an Gefühlen der Depersonalisation, die hauptsächlich in den Mathematikstunden auftraten. Ihm war dann ganz seltsam zumute, und er meinte, die Stimmen der anderen Kinder klängen unnatürlich.

Diesen Zustand finden wir häufig bei erwachsenen Neurotikern. Er ist eine logische Folge der Distanz, die ein Neurotiker zwischen sich und seinen Aufgaben herstellt. Es ist das Gefühl eines Menschen, der in einem fremden Land lebt, der in dieser Welt nicht zu Hause ist. Das der Entpersönlichung entgegengesetzte Gefühl, das sogenannte »Déjà vu«, eröffnet uns eine noch bessere Einsicht in die zugrunde liegenden Probleme. Fast jedem ist es schon einmal widerfahren, daß er meinte, etwas oder jemanden schon einmal gesehen oder gehört zu haben, obwohl dies gar nicht möglich war. Dies geschieht gewöhnlich bei Menschen, die sich mit einer Situation ganz vertraut fühlen und meinen, nichts Unvorhergesehenes könne eintreten, nichts, das sie nicht schon kannten.

Ein weiteres Zwangssymptom quälte unser Kind beträchtlich. Der Junge meinte oft, etwas klebe an seinen Händen oder Füßen fest. Er beschrieb das Gefühl folgendermaßen: Es sei, als ob er gerade aus einem Auto ausgestiegen sei, und das Trittbrett klebe noch an seinen Füßen, oder als ob er aus einem Boot steigen wollte und würde durch die Planken, die an seinen Händen und Füßen festklebten, zurückgehalten. Er versuchte dieses quälende Gefühl loszuwerden, indem er oft auf seine Finger blies. Sein Zustand war so ernst und so beunruhigend, daß seine Eltern glaubten, die Symptome zeigten bereits eine Psychose an, und er leide an Halluzinationen. Aber der Patient glaubte nie an die Realität dieser Vorstellungen und Gefühle, sondern erlebte sie immer als etwas, das seiner Person fremd war.

Dies unterscheidet seine Symptome grundlegend von denen eines Psychotikers.

Zur selben Zeit wurden seine Eßgewohnheiten schwierig. Es war fast unmöglich, ihn am Morgen zum Essen zu bewegen. Die anderen Mahlzeiten aß er wie immer.

Wie für viele Kinder war auch für ihn die Zeit am Morgen, kurz bevor er zur Schule gehen mußte, besonders heikel, weil er meinte, es läge eine schwere Aufgabe vor ihm. Er verhielt sich ganz so, als stünde er unter Schock. Ihm wurde übel, er mußte erbrechen und hatte keinen Appetit.

Als er über seine Einstellung zu seinen Klassenkameraden befragt wurde, sagte er: »Meine Freunde sind mir zu grob, sie laufen dauernd herum und prügeln sich. Ich mag das nicht.«

Das zeigt wiederum, daß er sich eher im Hintergrund hielt, wenn er eine Situation nicht allein bestimmen konnte. Auf diese Weise versuchte er, einer Niederlage aus dem Weg zu gehen.

In seiner durchaus intelligenten Art wußte er genau, wie er seine Mutter erschrecken konnte, die ja bereits schlimme Erfahrungen mit seelischer Krankheit in ihrer Familie gemacht hatte:

Eines Tages sagte er zu seiner Mutter, daß er sie hasse, und er konnte nicht dazu bewegt werden, eine Erklärung darüber zu geben.

Dies ist leichter zu verstehen, wenn man weiß, daß seine Mutter kurz zuvor einige Spielsachen für seine kleine Schwester, aber keine für ihn gekauft hatte. Wie erwartet, mochte er einen Menschen nur, solange er sich seinen Wünschen gemäß verhielt, aber er haßte ihn, wenn er sich nicht um ihn bemühte. Wir haben bereits gesehen, daß er sich seiner Schwester gegenüber ähnlich verhielt.

Eines Abends erschreckte er seine Mutter, indem er zu ihr sagte, etwas Schreckliches werde geschehen, wenn sie nicht bei ihm bliebe. So konnte er sie viele Stunden lang in seiner Nähe halten. Als ich ihn fragte, was er denn gemeint hätte, erklärte er mir lächelnd, daß er gar nichts gemeint, sondern sie nur zum Narren gehalten hätte.

Dies ist bezeichnend für ein Kind im frühen Stadium einer Neurose. Es versucht ganz bewußt, ein Ergebnis zu erzielen, das, am eigenen Maßstab gemessen, einen Erfolg darstellt, indem es neurotische Symptome, in diesem Fall Symptome einer Phobie, vortäuscht.

Der Junge liebte seinen Hund sehr und trug stets ein Photo von ihm bei sich. Er betonte besonders, daß er ein ganz wunderbarer Hund sei, weil er niemanden in das Haus lasse.

Diese Eigenschaft des Hundes half dem Jungen, sich von anderen zu isolieren.

Dabei ist zu bedenken, daß ein Mensch, der nur mit einem Tier gut auskommt, Groll gegen seine Mitmenschen hegt. Isolierte Menschen, die nur einen Hund oder eine Katze um sich haben, erklären häufig, das Tier sei ihr einziger Freund. Der Hund war dem Jungen stets treu ergeben und gab ihm das Gefühl, zumindest in dieser Beziehung der Beherrschende zu sein.

Für die psychotherapeutische Behandlung eines Kindes muß man sich immer die Kooperation der Eltern sichern, da sie den stärksten Einfluß auf die Situation ausüben. In diesem Fall war es leicht, ihnen zu zeigen, daß es falsch sei, mit ihrem Sohn wie mit einem Geisteskranken umzugehen, und sie konnten dazu gebracht werden, ihn wie einen normalen Jungen zu behandeln.

Es gelang, die Einstellung des Jungen gegenüber dem Fach Mathematik, in dem er versagt hatte, zu ändern. Während der Mathematikstunden hatte er am stärksten unter seinen Zwangsvorstellungen gelitten. Es ist bekannt, daß Mathematik oft der Stolperstein für »Problemkinder« ist, weil dieses Fach selbständiges Arbeiten und Planen voraussetzt. Das scheint manchmal der Grund dafür zu sein, daß Kinder, die nicht daran gewöhnt sind, ihre Handlungen selbständig zu planen, und die sich eher auf die Hilfe anderer verlassen, ihre ersten Schulschwierigkeiten im Fach Mathematik haben. Ich versuchte dem Jungen zu erklären, daß er seine Schwierigkeiten überbewerte und daß er genausoviel wie die anderen leisten könnte.

Als er das nächste Mal zu mir kam, hatte er einen Vorschlag zu machen. Er erklärte mir: »Ich weiß jetzt, wie ich meine Schwierigkeiten in Mathematik überwinden kann. Ich habe von einer Maschine gehört, die rechnen kann, und diese Maschine würde eine große Erleichterung für mich sein. Ich möchte so eine Maschine haben.«

Dieser Vorschlag verdeutlicht zwei interessante Gesichtspunkte. Erstens weist er auf seine alte Gewohnheit hin, Hilfe von anderen, nicht aber von sich selbst zu erwarten, in diesem Fall eben von einer Maschine, die für ihn arbeiten sollte. Zweitens wird durch den Vorschlag auch deutlich, daß das Kind sich einen Plan zurechtgelegt hatte, was immer ein gutes Zeichen ist und bei der psychotherapeutischen Behandlung von Kindern nie übersehen werden sollte. Wenn der Patient einmal anfängt, Pläne zur Verbesserung seiner Situation zu machen, darf man annehmen, daß er nicht aufhören wird, zu planen und an der Verbesserung seiner Situation zu arbeiten, was bereits den Beginn der Heilung bedeutet.

Nachdem wir über die Nachteile einer schweren Rechenmaschine, die er mit sich herumtragen müßte, gesprochen hatten, meinte er, daß er bald ohne sie auskommen würde. Kurz darauf begann er, sich für Mathematik zu interessieren, und erklärte mir bald, daß er sich wegen dieses Faches keine Sorgen mehr zu machen brauche, weil er die besten Noten der Klasse bekommen habe. Als ich ihn nach seinen Zwangssymptomen fragte, antwortete er, daß sie in den Mathematikstunden nicht mehr aufträten und auch sonst viel schwächer geworden seien, obgleich sie immer noch vorhanden seien.

Es ist interessant, festzustellen, daß die Symptome nicht mehr in Zusammenhang mit Mathematik auftraten, sobald dieses Fach kein Problem mehr für ihn war.

Wenn ein Patient bereits Zeichen einer Besserung erkennen läßt, ist es manchmal hilfreich, ihm die folgende Frage zu stellen: »Wann, glauben Sie, werden alle Ihre Schwierigkeiten überwunden sein?«

Als ich unserem Patienten diese Frage stellte, überlegte er und sagte dann, er glaube, sie würden um seinen Geburtstag herum ganz verschwunden sein. Bis zu seinem Geburtstag waren es noch einige Monate. Als ich mich überrascht über die kurze Zeit zeigte, erklärte er, daß er bezüglich des Zeitpunktes ganz sicher sei.

Auf diese Frage darf man sich vom Patienten keine Auskunft über den weiteren Verlauf der Krankheit erwarten, aber sie führt oft dazu, daß ein Patient seine Situation freier und selbständiger in die Hand nimmt. Dies kann man sowohl bei Neurotikern als auch bei Psychotikern feststellen. Ich erinnere mich an einen Katatoniker, der einige Monate lang nichts gesprochen und nur gelegentlich ein paar Worte aufgeschrieben hatte. Ich bat ihn, aufzuschreiben, wann er seiner Meinung nach wieder sprechen könne. Er schrieb: »In zwei Tagen um vier Uhr nachmittag«, und tatsächlich begann er zu der vorhergesagten Zeit zu sprechen. Man darf aber nicht glauben, daß er ohnedies zur festgesetzten Zeit zu sprechen begonnen hätte. Er war zum Entschluß gekommen, zu der von ihm selbst bestimmten Zeit wieder zu sprechen. Dies geschieht auch in Fällen von Neurosen, wenn die Patienten ihr Schicksal in die eigene Hand nehmen. Eine solche Situation darf der Psychotherapeut erwarten. In günstigen Fällen kann man dem Patienten helfen, selbständiger zu werden und sich nicht länger auf andere zu verlassen. Der Psychotherapeut sollte nicht so von sich eingenommen sein zu glauben, er allein heile den Patienten. Solange man dem Patienten jede Verantwortung abnimmt, kann die Behandlung niemals erfolgreich sein. Das Ziel ist es, den Patienten zu veranlassen, seine Schwierigkeiten selbst zu bewältigen. Einige Psychotherapeuten sind darin erfolgreich, andere nicht. Ebenso können manche Lehrer Kinder dazu motivieren, ihr Wissen gern zu erweitern, andere können das nicht.

Einige Wochen vergingen. Während dieser Zeit sprachen wir mit dem Jungen über seine Probleme, und er wurde immer überzeugter, daß er bereits in kurzer Zeit ganz gesund werde. Eines Tages sagte er: »Ich habe eine Methode gefunden, wie ich dieses Gefühl, daß Bretter an meinen Händen und Füßen kleben bleiben, loswerden kann. Wenn ich glaube, das Trittbrett eines Autos bleibt an meinen Füßen kleben, stelle ich mir vor, ich schicke das Auto in die Garage zurück, und schon löst sich das Brett von meinen Händen und Füßen. Wenn es die Planken eines Bootes sind, schicke ich das Boot einfach zum Pier zurück. Vor ein paar Tagen verschwand dieses ungute Gefühl.«

In eindrucksvoller Weise zeigen sich hier einige Mechanismen, die bei Neurotikern im Laufe ihrer Genesung wirksam werden. Der Patient erwirbt das Gefühl, Herr der Lage zu sein. Das gleiche geschieht auch bei erwachsenen Neurotikern, die sich auf dem Weg der Heilung befinden, aber bei Erwachsenen ist dies selten so deutlich sichtbar wie bei Kindern, wie etwa im Fall des sehr intelligenten Jungen, mit dem wir uns beschäftigt haben. Selbstverständlich reicht es nicht aus, einem Patienten einfach zu sagen, er müsse selbst einen Weg zur Lösung seiner Probleme finden. Die Kunst liegt darin, den Patienten dazu zu bringen, seine ganze Einstellung zum Leben zu ändern. Dann kann man erwarten, daß er gesund wird und seine Probleme selbst bewältigt wie seelisch gesunde Menschen.

Die Veränderung in der Persönlichkeit des Patienten geschah zur selben Zeit wie die Änderung des Berufswunsches. Zu Beginn der Therapie hatte er erklärt, er würde gern Polizeibeamter werden.

Dieser Wunsch ergibt sich logisch aus seiner ständigen Angst vor Niederlagen. Ein Polizist zu sein bedeutete für ihn, zum legalen, unumstrittenen Herrscher über alle zu werden. Diese Auffassung macht den Beruf für Kinder gewöhnlich sehr wünschenswert.

Nach einigen Wochen änderte er seine Meinung und sagte, er würde gern Arzt werden. Als er sich dann von seinen Symptomen befreit hatte, war er fest entschlossen, plastischer Chirurg zu werden. Er erklärte, er habe aus den Schwierigkeiten mit seiner Gesichtsnarbe so viel gelernt, daß er nun glaube, anderen mit dem gleichen Problem helfen zu können. Kurz vor seinem Geburtstag waren alle Symptome verschwunden, und seitdem geht es dem Jungen gut. Bei unserem letzten Zusammentreffen war er ganz sicher, daß seine Probleme nicht wieder auftauchen würden.

Nach der detaillierten Darstellung dieses Falles scheint eine kurze Zusammenfassung angebracht. Die Beobachtungen betrafen den ältesten Sohn einer Familie, der aufgrund zahlreicher unglücklicher Umstände nicht in der Lage war, Situationen zu bewältigen, die seine Position in der Familie gefährdeten. Daher bedeutete die Geburt einer Schwester für ihn einen großen Rückschlag. Ein Unfall, bei dem er eine entstellende Narbe davontrug, führte bei ihm plötzlich zu einer Zwangsneurose. Die Symptome zeigten deutlich die Tendenz eines Patienten, der glaubt, die beste Methode zur Bewältigung seiner Probleme sei es, jeder möglichen weiteren Niederlage aus dem Weg zu gehen. So bremste er sich in all seinen Aktivitäten.

Im allgemeinen haben Zwangsneurosen in der Kindheit eine günstigere Prognose als solche bei Erwachsenen. Darüber hinaus beobachtet man häufig, daß sich Menschen an ihr Wissen, wie sie Probleme lösen könnten, später erinnern, weil sie ähnliche Erfahrungen in der Kindheit gemacht haben.

4. Einige Probleme der Adoleszenz

Die Phase der Adoleszenz bereitet Eltern und Pädagogen oft Kummer und Sorgen. Ein Grund für diese Sorgen ist, daß während dieser Entwicklungsphase Verhaltensweisen auftreten können, die zu sozialen Problemen führen. Ein Jugendlicher im Alter von zwölf oder vierzehn Jahren scheint sich nach Meinung seiner Angehörigen zu verändern. Er mag halsstarrig werden und erklären, alle Erwachsenen hätten unrecht, und man könne nur die jüngere Generation ernst nehmen. Es kann sein, daß er mit niemandem mehr auskommt, daß er das Interesse an seiner schulischen Arbeit verliert und droht, von zu Hause wegzulaufen. Als Grund für diese Veränderung wird die bereits sprichwörtliche Pubertät angesehen. Für die Turbulenzen dieser Periode werden speziell die endokrinen Drüsen verantwortlich gemacht. Es ist jedoch wichtig zu bedenken, daß die endokrinen Drüsen während des ganzen Lebens arbeiten und nicht in der Pubertät damit beginnen. Sie erreichen zu der Zeit lediglich einen gewissen Reifegrad. Endokrinologen behandeln psychische Probleme der Pubertät äußerst selten mit einer Hormontherapie. Hormone werden aber häufig von Ärzten, die auf dem Gebiet nicht ausgebildet sind, verordnet in der Hoffnung, damit Verhaltensstörungen modifizieren zu können.

Die psychische Entwicklung in dieser Phase ist das Ergebnis eines kontinuierlichen Werdegangs und wird während der Adoleszenz, also zu einer Zeit, da die Anforderungen an den einzelnen größer werden, lediglich einer schweren Belastungsprobe ausgesetzt. Die Kindheit ist ein behüteter Lebensabschnitt; ältere Menschen übernehmen letztlich jede Verantwortung. Mit zunehmendem Alter wird das Kind mit neuen Verpflichtungen und Anforderungen konfrontiert, für die es Lösungen finden muß. Probleme der Berufswahl entstehen, der junge Mensch wird Mitglied der Gesellschaft mit gleichen Rechten und Pflichten wie andere Männer und Frauen, und er muß sich auf gewisse Situationen im Umgang mit dem anderen Geschlecht einstellen. Es ist dies eine Zeit, in welcher der Jugendliche zeigt, wie gut er auf diese Anforderungen vorbereitet ist. Wenn sich ein Mensch gefährdet fühlt, wird sich seine Anpassungsfähigkeit offenbaren. Daher kann die Pubertät in manchen Fällen eine kritische Phase sein, in der beim Jugendlichen neurotische Symptome als Antwort auf drängende Probleme auftreten. Dies bedeutet aber nicht, daß eine neue und andere geistige Entwicklung einsetzt, sondern sie ist vielmehr das Ergebnis eines Prozesses, der bis in die frühe Kindheit zurückzuverfolgen ist.

Bis zu einem gewissen Grad kann man Probleme eines anderen Lebensabschnittes mit denen der Pubertät vergleichen. Es ist bekannt, daß psychische Probleme während der Wechseljahre auftreten können. Diese Phase wird von Laien als bedrohlich angesehen, weil während dieser Zeit auftretende psychische Veränderungen oft den bekannten physiologischen Veränderungen zugeschrieben werden. Psychische Probleme treten allerdings nur bei gewissen Frauen auf, während andere Frauen weder selbst Veränderungen fühlen noch solche zeigen. In der Regel finden wir neurotische Symptome nur bei Frauen, die meinen, ihr einziger Weg zum Erfolg bestehe darin, für Männer attraktiv zu sein und sie beherrschen zu können. Wenn sie merken, daß sie diesen Einfluß mit zunehmendem Alter verlieren, glauben sie folgerichtig, daß ihr Leben nicht länger lebenswert sei. Jeder Mensch in einer solchen Lage ist anfällig für psychische Labilität. Wir alle brauchen etwas, worauf wir uns freuen können. Das ist der Grund, warum Frauen, die großes Interesse an ihrem Beruf haben, in der Regel nicht mit psychischen Problemen während des Klimakteriums zu kämpfen haben. Manchmal entwickeln Frauen, deren Kinder erwachsen sind und das Haus verlassen haben, neue Aktivitäten und Interessen und gehen so möglichen Problemen aus dem Weg.

Im folgenden Fall einer »Pubertätsneurose« kann man den Beginn der neurotischen Entwicklung bis in die Kindheit zurückverfolgen.

Die Patientin ist ein dreizehnjähriges Mädchen, das jüngste Kind in einer Geschwisterreihe von drei Mädchen und einem Jungen. Sie soll angeblich immer anders als ihre Geschwister gewesen sein.

Wie ich bereits in einem vorangegangenen Kapitel bemerkte, kann man dies beim jüngsten Kind einer Familie häufig beobachten.

Schulisch war die Patientin weit besser als ihre Geschwister.
In der Psychotherapie ist es sehr hilfreich, wenn ein Patient wenigstens auf einem Gebiet Erfolg hat. Wenn man ihn auf seine Leistungen aufmerksam macht, ist er häufig in der Lage, seine Einstellung zu anderen Problemen zu ändern.

Das Mädchen ging nie mit den Schwestern aus, sondern zog es vor, zu Hause zu bleiben.
Aufgrund dieser Tatsache dürfen wir andere Persönlichkeitsstörungen erwarten, wie bei allen Menschen, die sich auffallend gern isolieren. Man kann vermuten, daß etwas Bestimmtes das Mädchen anzog und daheim festhielt. In diesem Fall war es die Mutter.

Unsere Patientin hing sehr an ihrer Mutter, die wiederum eine starke Bindung zu ihrem jüngsten Kind verspürte. Die Mutter war eine sehr dominante Person, die stets die Aufmerksamkeit der Familie auf sich zu lenken wußte. Alles drehte sich um sie und mußte nach ihren Wünschen ablaufen. Niemand wagte es, sich gegen sie zu stellen.
In einer solchen Situation kann es bei jedem Familienmitglied, das versucht, mit der zentralen Figur zu konkurrieren, zu heftigen Reaktionen kommen.

Die Patientin bekam heftige Wutanfälle und weigerte sich tagelang, mit der Mutter zu sprechen, wenn diese ihren Wünschen nicht nachkommen wollte.
Dies ist die typische Reaktionsweise eines Menschen, der fürchtet, in einer Situation, in der er mehr Anerkennung zu erlangen sucht, als er bekommen dürfte, der Verlierer zu sein.

Das Mädchen las viel, allerdings nur Märchen.
Ein solches Verhalten zeigt Unzufriedenheit mit der Realität. Die Patientin fühlte sich in der wirklichen Welt nicht zu Hause und auch nicht für sie gerüstet, daher interessierte sie sich mehr für eine Phantasiewelt.

Eines Tages wurde das Mädchen von einem Hund gebissen.
Das widerfährt Kindern oft, beeinflußt aber in der Regel ihre Persönlichkeit nicht ernsthaft.

Als Folge des Hundebisses entwickelte das Mädchen eine Phobie. Sie begann zu zittern, wenn von einem Hund nur geredet wurde oder wenn sie in der Entfernung einen Hund erblickte. Sie veranlaßte ihre Familie, darauf zu achten, daß kein Hund in ihre Nähe kam. Sie bestand darauf, aus der Wohngegend, in der sie gebissen worden war, wegzuziehen. Das Mädchen selbst sagte: »Ich kam nach Hause, aber niemand war da. Natürlich konnte ich nicht allein bleiben. Ich ging zu unseren Nachbarn, und ihr Hund kam heraus und biß mich.« Mit dieser Geschichte wird deutlich, daß das Mädchen glaubte, zu Hause werde nicht richtig für sie gesorgt. Wie konnte die Familie sie nur allein lassen. Ich erinnere mich an einen vierjährigen Jungen, der eines Tages in das Wohnzimmer kam, wo die anderen Familienmitglieder beisammen saßen; er hatte ein Tranchiermesser in der Hand, das er aus der Küche geholt hatte, und sagte: »Da seht ihr, was mir passieren könnte, wenn ihr euch nicht richtig um mich kümmert. Ich könnte mich schneiden!« Ähnlich ist auch die Hundephobie unserer Patientin eine Antwort auf eine ihr mißliebige Situation, und sie will damit zeigen, daß sie nicht wieder allein gelassen werden sollte.

Der Zustand des Mädchens wurde immer besorgniserregender. Eines Tages verschwand es plötzlich mit 50 Dollar, die seine Mutter für eine neue Zahnprothese gespart hatte. Später fand man heraus, daß unsere Patientin einen Busfahrschein gekauft hatte und sieben Tage lang im Bus herumgefahren war. Als sie dann aus dem Bus stieg, fragte man sie, was sie vorhabe, und schickte sie schließlich nach Hause zurück. Verstört kehrte sie heim, sprach kaum und erzählte auch nicht, wo sie gewesen war. Nach dieser Episode wurde das Kind dauernd beobachtet und nicht eine Minute allein gelassen. Sie wurde sogar zur Schule begleitet und wieder abgeholt. Ihr Zustand verschlechterte sich aber zusehends. Sie begann, ihre Hände aneinander zu reiben und Gegenstände lange anzustarren; sie steckte Dinge in den Mund und kaute darauf herum.

Es ist nicht verwunderlich, daß einige Ärzte vermuteten, das Mädchen leide an einer Schizophrenie. Wenn man die Situation aber genauer betrachtet, wird man feststellen, daß die Patientin unter den gegebenen Voraussetzungen durchaus intelligent handelte, nämlich so, wie jeder Neurotiker es tun würde. Bei Psychotikern sind die Verbindungen zwischen dem persönlichen Ziel und den Symptomen, wenn sich solche finden lassen, nicht so logisch und klar wie bei Neurotikern. Das Mädchen hatte jahrelang mit der Mutter um die Vorherrschaft im Haus gewetteifert und war schließlich auch erfolgreich. Wenn man neurotische Verhaltensweisen, wie zum Beispiel die Eskapade dieses Mädchens, verstehen will, muß man immer das Ergebnis betrachten. Sonst könnte man in diesem Fall versucht sein zu fragen, warum jemand, der angeblich nach mehr Unterstützung und Anerkennung sucht, tagelang allein im Bus herumfährt. Ein Symptom allein kann irreführend sein, solange man nicht weiß, wozu es im jeweiligen Fall benutzt wird.

Als dieses Mädchen einige Wochen nach ihrer Rückkehr von ihrem Ausflug zu mir kam, redete sie nicht mehr, starrte dauernd in eine Ecke, rieb die Hände aneinander und kaute Papier. Einige Tage davor hatte man sie aus der Schule nehmen müssen.

Nichts wäre sinnloser gewesen, als dem Mädchen immer wieder dieselben Fragen zu stellen, die sie in den Wochen davor so oft gehört hatte: »Warum reibst du dir die Hände?« »Warum redest du nicht?« Diese Fragen wären für sie nicht neu gewesen und hätten sie nicht dazu bewogen, ihre Haltung zu ändern. Patienten mögen es nicht besonders, wenn Psychotherapeuten Fragen stellen, die sie eigentlich selbst beantworten sollten. Ein derartiger Fehler kann dem Patienten den entschiedenen Eindruck vermitteln, daß er nicht zu heilen sei, da der Arzt auch nicht mehr über ihn wisse als er selbst. Wenn der Patient nicht glaubt, daß ihm geholfen werden könne, fehlen noch die Voraussetzungen für seine Heilung.

Wenn der Patient in den ersten Sitzungen nichts sagt, was bei Kindern und Jugendlichen häufig der Fall ist, so muß eben der Psychotherapeut das Reden übernehmen. Natürlich ist es von größter Wichtigkeit, das richtige Gesprächsthema zu wählen. Man kann nicht nur um des Redens willen reden, über das Wetter zum Beispiel, denn das würde das Interesse des Patienten nicht wecken. Das Thema muß mit dem Problem des Patienten zu tun haben, über das man sich in solchen Fällen vorher genau informieren muß.

Nach sechs Wochen zeigte die Patientin keine Auffälligkeiten mehr und konnte ihre Arbeit in der Schule erfolgreich fortsetzen.

Es erscheint angebracht, hier einige wichtige Schritte und Gefahren einer solchen Therapie zu besprechen. Die Mutter des Mädchens, die, wie bereits erwähnt, nicht bereit war nachzugeben, suchte mich auf und meinte verärgert, daß bloßes Reden ihrer Tochter niemals helfen würde. Sie bestand darauf, ich sollte dem Mädchen Medikamente verschreiben. Es ist wichtig, den eigenen Einfluß nicht zu überschätzen; der der Eltern ist im allgemeinen stärker, vor allem dann, wenn der Patient an ihnen besonders hängt. Offene Opposition gegen sie kann daher nur eine Niederlage für den Arzt bedeuten. Andererseits sind Medikamente für die Behandlung psychogener Probleme kaum indiziert. Neurotische Patienten neigen dazu, die Verantwortung auf etwas anderes oder auf jemand anderen abzuschieben. Es würde ihrem Lebensstil entsprechen, ihre Heilung bereitwillig von Medikamenten zu erwarten. Das muß vermieden werden. Ich zog mich aus der Affäre, indem ich dem Kind erzählte, daß mich die Mutter gebeten hätte, ihm Medikamente zu verschreiben, und daß ich daher ein Rezept über ein Eisenpräparat ausstellen würde, durch das sie vielleicht rote Wangen bekäme. Ich weiß nicht, ob sie es jemals einnahm, denn es wurde nie wieder erwähnt. Die Mutter war sicherlich zufrieden, weil sie glaubte, einen Sieg über den Arzt errungen zu haben, und die Patientin wußte, daß alles, was sie von diesem Medikament zu erwarten hatte, rote Wangen waren. Neurotiker sind häufig abergläubisch. Auch in diesem Fall spielte der Aberglaube eine Rolle. Unsere Patientin glaubte an Hexen und Geister, die all ihr Tun beeinflußten. Man sollte sich davor in acht nehmen, solche Vorstellungen oberflächlich als Zeichen einer Psychose zu werten. In bestimmten osteuropäischen Ländern, so auch in dem Land, aus dem die Familie der Patientin stammte, glauben viele Menschen, besonders Frauen, noch immer an Geister. In diesem Fall waren auch die Mutter und die Schwester der Patientin abergläubisch. Es ist ein Fortschritt in der Therapie, wenn sich der Patient von seinem Aberglauben befreien kann, sonst wird er vielleicht übernatürliche Wesen für seinen Zustand verantwortlich machen, genauso wie er auch daran gewöhnt ist, Umweltfaktoren die Schuld zuzuschreiben. Oft helfen kleine Witze, vorausgesetzt man achtet darauf, die Gefühle des Patienten nicht zu verletzen. Ein solches Vorgehen kann dazu führen, daß der Patient dem Übernatürlichen weniger Gewicht beimißt und sich produktiveren Interessen zuwendet. Diese Methode half auch unserer Patientin, die alle Witze, die ich über das Übernatürliche machte, eifrig ihrer Familie erzählte, die sich wiederum der neuen und offensichtlich besseren Auffassung des Mädchens anschloß. Schließlich erzählte mir die Patientin, daß sie nicht länger an Geister und Hexen glaubte.

In den letzten drei Jahren hat sich das Mädchen günstig entwickelt und wurde von Familienmitgliedern und Freunden gelobt und bewundert.

Dies aber führte zum folgenden unglücklichen Zwischenfall. Ihre ältere Schwester, die sich, gemessen an ihrer beliebten Schwester, in den Hintergrund gedrängt und vernachlässigt fühlte, verschwand eines Tages mit 200 Dollar in der Tasche, die ihre Mutter für eine Ferienreise gespart hatte. Wir sehen hier wieder, wie sehr neurotisches Verhalten übertrieben wird, wenn es im Anschluß an das neurotische Verhalten eines anderen Familienmitgliedes auftritt. Weil die jüngere Schwester 50 Dollar mitgenommen hatte, wäre dieselbe oder eine geringere Summe nicht ausreichend gewesen; sie mußte also größer sein. Das ältere Mädchen blieb ein paar Tage bei Freunden in einer benachbarten Stadt und kaufte sich neue Kleider. Bevor sie nach Hause zurückfuhr, schrieb sie ihrer Mutter, daß es ihr leid tue, wenn sie ihr Sorgen bereitet hatte. Durch diesen Ausdruck der Reue sicherte sie sich klugerweise einen freundlichen Empfang, wie sie ihn sonst nicht erhalten hätte. Diese Handlungsweise ist der der jüngeren Schwester vergleichbar, die von ihrer Eskapade in einem so erbarmungswürdigen Zustand zurückgekehrt war, daß ihr alle helfen wollten.

Ich hoffe, niemand vermutet in dieser Familie eine angeborene Neigung, der Mutter Geld zu stehlen. Man kann hier den Einfluß verfolgen, den bestimmte Reaktionen verschiedener Familienmitglieder aufeinander haben. Der Fortschritt der jüngeren Tochter, die zum Stolz der Familie geworden war, bewirkte bei der älteren Tochter ein Gefühl des Versagens, und sie griff daher zu einem Mittel, das bereits die Schwester erfolgreich angewendet hatte. Sie versuchte, ihre Schwester noch zu übertreffen, und stahl noch mehr Geld.

Unsere Patientin machte sicherlich eine schwere Krise durch, die sie leicht auf die schiefe Bahn hätte bringen können. Aber wie in der Kindheit, so ist man auch während der Adoleszenz noch ziemlich flexibel. Den schweren Fehler, Eskapaden der Pubertät wahllos »pubertäre Drüsenfunktionsstörungen« zuzuschreiben, sollten wir unbedingt vermeiden.

Vorsicht sollte man auch walten lassen bei der Anwendung des Terminus »präpsychotisch«, zu dem man in diesem Fall leicht verleitet werden könnte. Aufzeichnungen und Beobachtungen haben gezeigt, daß wir bis jetzt keine Möglichkeit besitzen, den Ausbruch einer Psychose vorherzusagen. Wenn sie richtig »vorausgesagt« wurde, kann man meistens nachweisen, daß sie zu der Zeit bereits vorhanden war. Kinder, die später eine Psychose entwickeln, können vor dem Ausbruch der Krankheit alle möglichen Schwierigkeiten zeigen, die wir auch sonst bei Problemkindern finden. Einige können auch zur Gruppe der »Musterkinder« gehören, die praktisch nie zur Sorge Anlaß geben. Oft zeigen Anwärter auf eine spätere Psychose übertriebene Reaktionen auf verschiedene Situationen, aber sicherlich keine pathognomonischen. In der Regel finden wir bei als »präpsychotisch« diagnostizierten Kindern hochgradige Neurosen, die in späteren Jahren verschwinden können, oder auch nicht.

5. Gemeinschaftsgefühl und Neurosenstruktur

Wenn wir über den Charakter eines Menschen diskutieren, sprechen wir oft davon, daß er psychisch »richtig« bzw. »falsch« entwickelt sei. Aber wie können wir feststellen, was »richtig« und »falsch« ist?

In seinem letzten Buch *Social Interest; A Challenge to Mankind*[1] hat sich Alfred Adler eingehend mit dieser Frage beschäftigt. Er meint, daß man nur dann feststellen könne, ob ein Mensch »richtig« oder »falsch« entwickelt sei, wenn man seine Beziehung zur Menschheit im allgemeinen betrachte. Man müsse klären, ob er eine Hilfe oder eine Belastung für die Gesellschaft darstelle, ob er zur Weiterentwicklung der Menschheit beitrage. Die gleichen Überlegungen müssen auch für herausragende Gestalten der Geschichte angestellt werden. Oft sind wir uns des Wertes eines Menschen über lange Zeit nicht bewußt, aber die spätere Entwicklung der Menschheit wird zeigen, ob er dazu beigetragen hat oder nicht.

Der Geist der Menschen, die ihren Beitrag geleistet haben, wird nie sterben. Aber was wird aus jenen Menschen, die ein Hindernis für diese Weiterentwicklung darstellen? Von ihnen finden wir keine Spuren in der Geschichte; sie haben nichts hinterlassen. Nur positive Leistungen werden verzeichnet, und jene Menschen, die gegen den Fortschritt arbeiten, verschwinden in der Versenkung.

Alfred Adlers Konzept kann auf eine der größten Krankheitsgruppen, auf die Neurose, angewendet werden. Der Charakter eines Menschen zeigt sich in seiner Reaktion auf Probleme von Freundschaft, Liebe und Beruf. Um eine neurotische Persönlichkeit verstehen zu können, muß man das Vorhandensein und das Ausmaß des Gemeinschaftsgefühls bei den verschiedenen Typen der Neurose untersuchen.

Heutzutage werden Menschen zu oft als »Neurotiker« bezeichnet.

[1] Adler, Alfred: *Social Interest; A Challenge to Mankind*. London 1938.

Fast jeder diagnostiziert sich zuweilen als neurotisch. Es scheint daher notwendig, eine schärfere Trennungslinie zu ziehen, um unsere Ansichten deutlich machen zu können. Junge Menschen zum Beispiel erröten sehr oft in den verschiedensten Situationen. Müssen wir sie deshalb als Neurotiker bezeichnen? Solange wir die Bedeutung des Symptoms im jeweiligen Fall nicht kennen, können wir das nicht tun. Wenn ein Mensch sein häufiges Erröten aber dazu benutzt, um Kontakte mit anderen Menschen zu meiden und sich aus der Gesellschaft zurückzuziehen, dann stellt das Erröten ein neurotisches Symptom dar, und der Patient leidet an einer Phobie. Er benutzt das Symptom als eine Entschuldigung dafür, daß er allen Herausforderungen aus dem Weg geht. Die Ursache des Errötens liegt allerdings woanders. Wir erkennen es oft als Ergebnis einer angeborenen Funktionsstörung des vasomotorischen Systems. Gesunde Menschen kompensieren oder überkompensieren diese Dysfunktion im späteren Leben. Wir können noch nicht genau sagen, wie das vor sich geht, weil wir über die Mechanismen der physischen Adaptation noch vieles nicht wissen. Aber wir können beispielsweise sagen: Solange ein Kind ein positives Interesse am Bettnässen hat, wird sein Körper kein wirksames Mittel gegen diese Dysfunktion entwickeln.

Jede Neurose repräsentiert andere Probleme, und dennoch kann man bestimmte allgemeine Züge bei den verschiedenen Neuroseformen feststellen, die anhand einiger typischer Beispiele beschrieben werden sollen. Der folgende Fall von Neurasthenie trat bei einem Mann auf, der ein ziemlich hausbackener Schwächling war. Niemand in seiner Familie hatte ihn je ermutigt, sich seiner schwierigen Situation bewußt zu stellen. In seinen Beziehungen zu Frauen war er stets mißtrauisch. Eine Geschlechtskrankheit, die er sich ziemlich früh zugezogen hatte, vertiefte natürlich seine pessimistische Haltung dem Leben gegenüber. Man erwartete von ihm nicht, daß er sich in seinem seelischen Zustand zum Besseren ändern würde. Daß er dazu nicht in der Lage war, zeigte sich, als eine junge Frau, zu der er eine ziemlich ernste Beziehung aufnahm und der er viel bedeutete, ihn dazu drängen wollte, eine Entscheidung über ihre gemeinsame Zukunft zu treffen. Zu dieser Zeit erlitt er einen »Zusammenbruch«. Er konnte am Morgen nicht aufstehen, litt an Erschöpfungszuständen und Rückenschmerzen. Rückenschmerzen sind ein sehr häufiges Symptom bei Neurotikern und resultieren oft aus einem Nachlassen des Muskeltonus. Der gleiche Mechanismus zeigt sich auch bei Menschen mit Plattfüßen, die nur dann Schmerzen haben, wenn sie depressiv sind. Diesen Zusammenhang zwischen physischem Schmerz und neurotischer Störung sollte man stets im Auge haben. Unser Patient mußte schließlich aufgrund einer Nervenschwäche, die bei jeder Anstrengung akut wurde, seine Arbeit aufgeben. Seine Freundin erkannte, daß es für sie keine gemeinsame Zukunft geben konnte. Der Notwendigkeit, eine Entscheidung zu treffen, die einem Menschen seines Persönlichkeitstyps bedrohlich erscheinen mußte, hatte er sich entzogen. Kurz nachdem ihn die Freundin verlassen hatte, besserte sich sein Zustand für kurze Zeit. Da sich seine Persönlichkeit aber grundsätzlich nicht geändert hatte, darf man annehmen, daß er, mit einer ähnlich schwierigen Situation konfrontiert, wieder einen Zusammenbruch erleiden würde.

Ich erinnere mich an den Fall einer Zwangsneurose bei einem 15jährigen Jungen, der von seinem Stiefvater aufgezogen wurde. Die Kinder des Stiefvaters mochten ihren Halbbruder nicht. Seine Mutter kümmerte sich nicht um ihn, sondern interessierte sich viel mehr für die Kinder aus ihrer zweiten Ehe. Der Junge konnte sich nie richtig an seine Schulkameraden anpassen. Er kam in der Schule nicht gut voran und blieb schließlich sitzen. Seine Eltern wollten, daß er das Jahr wiederhole, wogegen er sich aber heftig sträubte, weil er fürchtete, von seinen Klassenkollegen verspottet zu werden. Zu dieser Zeit bemerkte seine Mutter, daß er bestimmte Wörter dauernd wiederholte und ständig an einem Ort auf und ab ging. Als ich ihn fragte, warum er gewisse Wörter dauernd vor sich hersage, antwortete er, er müsse sie so lange wiederholen, bis sie für ihn richtig klängen. Er fühlte sich gezwungen, Dinge genau in dieselbe Position zurückzustellen, in der sie sich befunden hatten, als er sie aufnahm. Er mußte so lange auf und ab gehen, bis er eine bestimmte Haltung angenommen hatte. Sooft er versuchte, gegen diese zwanghaften Handlungen anzukämpfen, verschlimmerten sich seine Angstgefühle. Die Folge war, daß er wegen seiner Zwangshandlungen nicht mehr zur Schule gehen konnte. Das erkannten schließlich auch die Eltern und willigten ein, ihn von der Schule zu nehmen, wie er es sich gewünscht hatte. Natürlich schmälerte sein vorzeitiger

Abgang von der Schule seine Aussichten auf sein berufliches Vorwärtskommen. Alle seine neurotischen Symptome verschwanden ohne Psychotherapie, vierzehn Tage nachdem er die Schule verlassen hatte. Das ist durchaus verständlich, denn wir wissen ja, daß neurotische Symptome dann auftreten, wenn sich jemand einer akuten Gefahr ausgesetzt sieht, der er sich nicht stellen kann. Dieser Junge wird wahrscheinlich immer eine Belastung sein und wird weiter neurotische Verhaltensweisen entwickeln, weil sie für ihn einen Weg zum Erfolg darstellen.

Ich erinnere mich an den anderen Fall einer Neurose, nämlich einer Syphilophobie. Sie trat bei einem Schriftsteller auf, der von seinem berühmten Vater nichts als einen prominenten Namen mitbekommen hatte, dem er gerecht werden sollte. Seine Kindheit war sehr unglücklich. Die Mutter verließ ihren Mann und nahm das Kind mit. Sie war eine enttäuschte Frau und konnte dem Jungen nicht helfen, die unglücklichen Erfahrungen der Kindheit zu bewältigen. Sein Leben lang erlitt er eine Niederlage nach der anderen. Er war ständig von der Hilfe anderer abhängig. Unbefriedigende Beziehungen zu Frauen vergrößerten seine Schwierigkeiten. Als seine Situation schließlich unerträglich wurde und es für ihn notwendig wurde, gewisse Probleme zu lösen, entwickelte er plötzlich eine Syphilophobie. Er verbrachte seine ganze Zeit damit, von einem Arzt zum anderen zu gehen, um sie davon zu überzeugen, daß er eine Syphilis habe. Die Ärzte erklärten ihm, er habe sich nicht infiziert. Er aber hatte sich gewisse Kenntnisse über die Krankheit angeeignet und versuchte den Ärzten zu beweisen, daß sie nicht recht hätten. Eines Tages kam er zu einem Arzt, der sich seine Geschichte anhörte und dann erklärte, er halte die Diagnose für richtig. Das ärgerte den Patienten sehr, und er begann nun dem Arzt zu erklären, daß er diese Krankheit auf keinen Fall haben könne. Er verließ wütend das Sprechzimmer und erzählte seinen Freunden, welchen Fehler der Arzt mit seiner Diagnose gemacht habe. Einige Tage später erkannte er selbst, wofür er dieses Symptom benutzt hatte, und gab es schließlich auf. Auch in diesem Fall bedeutet dies nicht eine Heilung seiner Neurose, sondern lediglich die Beseitigung eines einzigen Symptoms, das später in einer anderen schwierigen, für ihn nicht zu bewältigenden Situation von anderen Symptomen ersetzt werden dürfte.

Es ist sehr interessant, den Grund für das Verschwinden eines neurotischen Symptoms zu erforschen. Es verschwindet, wenn es seinen Wert für den Patienten verliert.

Ein weiterer typischer Fall war die Phobie einer jungen Frau, die von ihren drei Brüdern sehr verwöhnt worden war. Als sie heiratete, erwartete sie von ihrem Mann, daß er sie genauso verhätschelte, wie ihre Familie es getan hatte. Eine Zeitlang ging alles gut, bis ihr Mann die Situation satt hatte. Schließlich bestand er darauf, daß sie Kinder bekämen. Darauf war sie nicht vorbereitet. Kinder zu haben wäre für sie eine große Belastung gewesen, denn das hätte bedeutet, daß sie für die Kinder sorgen und auf gewisse Dinge, die sie gern tat, verzichten müßte. Sie entwickelte eine Phobie, nämlich die Angst, sie könne sich und ihren Mann umbringen. Daraufhin bekam ihr Mann es mit der Angst zu tun und war plötzlich überzeugt, daß sie nie Kinder haben sollten, weil seine Frau sie töten könnte.

Die psychische Struktur von Kleptomanen ist oft sehr aufschlußreich. Wir sprechen von Kleptomanie, wenn sich ein Mensch plötzlich dazu innerlich gezwungen fühlt, Dinge, die ihm nicht gehören, an sich zu nehmen. Manchmal, doch nicht immer, sind die Gegenstände wertlos. Gewöhnlich werden sie später zurückgegeben. Eine derartige Neurose verläuft an der Grenze zur Kriminalität. Wenn ein Mensch die Dinge, die er mitgenommen hat, nicht zurückgibt, nennt man ihn Dieb. Hier wird der Unterschied zwischen Neurose und Kriminalität deutlich. Ein Neurotiker wird zumindest den Anschein erwecken, daß er die Gesetze der Gesellschaft befolgt, während sich der Kriminelle offen gegen sie stellt. Es ist eine interessante Tatsache, daß Kleptomanen häufig mit Gesetzeshütern verwandt sind. Diese Form der Neurose wird also als äußerst wirksame Waffe gegen die Angehörigen gewählt. Das neurotische Symptom trifft stets »den Nagel auf den Kopf« und läßt deutlich erkennen, daß es klug gewählt wurde, um einen bestimmten Zweck zu erfüllen. Die Symptomatik einer Neurose wird geprägt von den Möglichkeiten, die sie dem Patienten gewährt. Ich habe noch nie einen Agoraphobiker gesehen, der nicht von einem oder mehreren »Dienern« umgeben gewesen wäre, die stets zur Stelle waren, um ihm beim Überqueren einer Straße zu helfen. Hat ein Neurotiker keine solche Möglichkeit, wird er höchstwahrscheinlich ein anderes Symptom wählen.

Eine Kleptomanin war mit einem Polizeibeamten verheiratet. Von Kindheit an hatte sie die Tendenz gezeigt, andere Menschen auszunutzen, und ihren Mann hatte sie regelrecht zu ihrem Vasallen gemacht. Als er zu rebellieren begann, fühlte sie sich innerlich dazu gedrängt, Waren aus Kaufhäusern mitzunehmen, die sie kurz darauf, in Begleitung ihres Mannes, dem sie immer sofort alles gestand, zurückbrachte. Er bekam viele Schwierigkeiten aufgrund ihrer Neurose, die ihn seine Stellung zu kosten drohte. Ab dieser Zeit hatte er keine Ruhe mehr und versuchte immer, seine Frau beaufsichtigen zu lassen, wenn er fort war.

Kleptomanen behaupten, daß ein unwiderstehlicher, mysteriöser Drang, der sie dazu zwinge, Dinge an sich zu nehmen, für ihre Krankheit verantwortlich sei. Alle Neurotiker argumentieren so. Heutzutage entschuldigen besonders einige gebildete Menschen, die vage, unzureichende Kenntnisse von Psychologie besitzen, einen Großteil ihres Fehlverhaltens mit Trieben. Sie sprechen über »Mutter-« oder »Vater-Fixierung«, wenn sie dringende soziale Forderungen vernachlässigen. So mögen sie auch behaupten, daß alle ihre Handlungen von ihrem »Sexualtrieb« bestimmt würden, und dann entdecken, daß ihr Sexualtrieb plötzlich nachläßt, wenn die Beziehung zu ihrem Partner ihnen Verantwortungen auferlegt. Immer wieder lösen sie Beziehungen, entschuldigen ihr Verhalten mit »konstitutioneller Instabilität«, »Drüsenfunktionsstörung« etc. und erkennen nicht, daß unsere Triebe vom individuellen Lebensziel sowohl dirigiert als auch modifiziert und konditioniert werden. Jeder erfährt in sich selbst zuweilen die verschiedensten Triebe. Doch glücklicherweise können die meisten Menschen wählen, welche Triebe weiterentwickelt und welche unterdrückt werden sollten. Das ist ein Aspekt, der den Menschen vom Tier unterscheidet.

Auch Quartalsäufer verspüren von Zeit zu Zeit einen nicht zu unterdrückenden Trieb, einige Tage oder Wochen lang exzessiv zu trinken, um anschließend eine Zeitlang nüchtern zu bleiben. Diese Bedürfnisse richten sich gewöhnlich ziemlich offen gegen Verwandte oder Freunde, die sich dann gezwungen sehen, den Trinker aufzuspüren und zu beaufsichtigen. Alkoholiker verlieren im allgemeinen ihre Stellung und werden schließlich, wie die meisten Neurotiker, zu einer großen Belastung für ihre Familie und ihre Freunde.

Der aggressive Charakter von Trinkern zeigt sich an der großen Zahl von Selbsttötungen und Selbsttötungsversuchen in dieser Gruppe. Meistens soll durch die Selbsttötung jemand bestraft werden. Eine ähnliche Haltung können wir in gewissen typischen Träumen der Kindheit beobachten. Kinder träumen, sie seien tot, und ihre Familienangehörigen stünden weinend um sie herum. Selbsttötungen, die vermeintlich das Resultat unglücklicher Liebesbeziehungen sind, werden gewöhnlich von Menschen verübt, die ihrem Partner die Schuld an ihrer unglücklichen Situation geben. In Fällen von Doppelselbstmorden werden häufig die Eltern beschuldigt, auf die Bedürfnisse der Betroffenen nicht genug eingegangen zu sein. Bei einem normalen Menschen führt ein Zuwachs an Verantwortung nicht zu einer Neurose. Es ist erstaunlich, wie viele Schwierigkeiten und Katastrophen man ertragen kann, ohne neurotisch zu werden. Aber bei Menschen, die dazu neigen, sich vor Verantwortungen zu drücken, die nach Entschuldigungen suchen, um andere belasten zu können, anstatt mit ihnen zusammenzuarbeiten, kann jedes psychische Trauma, jede schwierige Familiensituation, jeder Anspruch, sei er auch noch so gering, zu einem »Nervenzusammenbruch« führen, das heißt zur Unfähigkeit, sich einer gegebenen Situation anzupassen.

Die kurzen Beispiele in diesem Kapitel sollen nicht den Ursprung und die Entwicklung von Neurosen im einzelnen veranschaulichen, sie zeigen aber, daß in allen Fällen ein Mangel an Gemeinschaftsgefühl im Spiel ist, der nicht eine Folge der Neurose ist, sondern der sich bis in die Kindheit zurückverfolgen läßt.

6. Die Psychologie des Kriminellen

Verbrechen repräsentieren jenen Typ psychischen Versagens, der für die Gesellschaft am schädlichsten ist. Bemühungen um den Nachweis, daß Kriminalität ein angeborenes Charakteristikum ist, sind fehlgeschlagen. Es stimmt aber, daß man bei Kriminellen häufig physische Indizien von Degeneration feststellen kann. Sie können Mißbildungen an den Ohren oder am Schädel haben oder mögen auch besonders häßlich sein. Wir haben oben festgestellt, daß physische Minderwertigkeit einen ungünstigen Einfluß auf die Entwicklung des Charakters ausüben kann, und dies kann sich auch in der Kindheit eines Kriminellen bemerkbar machen. Wenn er wegen seiner körperlichen Behinderung von anderen verspottet oder von seinen Eltern vernachlässigt wurde, kann diese Tatsache ungünstige Folgen nach sich ziehen. Andererseits ist bekannt, daß sehr viele Verbrecher, sogar einige der gefährlichsten, besonders gutaussehend waren. Letztere wurden in ihrer Kindheit sehr bewundert und waren daher auch später begierig, Bewunderung zu erlangen, gleichgültig, ob für gesellschaftlich positive oder für kriminelle Taten. Um die Bedeutung von Erbfaktoren in Zusammenhang mit der Kriminalität nachzuweisen, sind wiederholt die Stammbäume bestimmter Familien herangezogen worden. Ein oft zitiertes Beispiel ist das eines Mannes, dessen Kinder aus der Verbindung mit einer Prostituierten später fast alle kriminell wurden. Anschließend heiratete er eine Frau aus guter Familie. Sie hatten Kinder, von denen keines kriminell wurde. Es versteht sich von selbst, daß Kinder, die im Prostituiertenmilieu aufwachsen und von ihrem Vater im Stich gelassen werden, unabhängig von ihrer Herkunft kaum Chancen für eine günstige Entwicklung haben.

Gelegentlich versucht man auch, Kriminalität auf der Grundlage von ökonomischen Verhältnissen zu erklären. Aber Kriminelle haben sich in allen sozialen und wirtschaftlichen Schichten sowohl in Zeiten der Konjunktur als auch in Zeiten der Depression entwikkelt. Kriminalität während einer Konjunkturperiode wurde darauf zurückgeführt, daß der Wert des Geldes überschätzt worden sei, was die Menschen veranlaßt habe, nach immer mehr zu streben. Kriminalität während der Depression wurde auf den Mangel an Geld und Gütern, auf den daraus resultierenden Wunsch nach der Verbesserung der eigenen finanziellen Situation zurückgeführt. All das zeigt, daß kriminelle Tendenzen nicht allein mit ökonomischen Verhältnissen erklärt werden können.

Kriminelle können ganz grob als Menschen definiert werden, die etwas an sich nehmen oder an sich zu nehmen versuchen, worauf sie keinen rechtmäßigen Anspruch haben. Diese Definition führt uns zu einem wichtigen Aspekt, weil sie bis zu einem gewissen Grad auch auf Neurotiker angewandt werden kann. Einerseits gibt es zwischen Neurosen und Verbrechen viele Ähnlichkeiten, andererseits aber auch entscheidende Unterschiede. Wie der Kriminelle, so beansprucht auch der Neurotiker etwas, was ihm nicht rechtmäßig zusteht, auch wenn es nur die Zeit bestimmter Familienmitglieder ist, die dauernd damit beschäftigt sind, für ihn zu sorgen. Schwere Neurotiker leben gewöhnlich wie Parasiten, stellen für andere eine Belastung dar und nützen andere aus. Manchmal ist die ganze Familie damit beschäftigt, für ein neurotisches Mitglied zu sorgen. Aber der entscheidende Unterschied zwischen einem Neurotiker und einem Kriminellen liegt in der Art und Weise, wie sie ihre jeweiligen Ziele zu erreichen suchen. Der Neurotiker versucht stets zu beweisen, daß sein Verhalten gerechtfertigt ist, indem er auf seine Symptome hinweist. Er erkennt gesellschaftliche Forderungen, gesunden Menschenverstand und die Notwendigkeit sozialer Aktivitäten an, aber er fühlt sich nicht in der Lage, das zu tun, was er als seine Pflicht erkennt. Er erklärt, er wisse genau, was er zu tun habe und was seine Pflichten seien, er solle sich um seine Verwandten, die er liebe, kümmern, und er sehe ein, daß er ihnen nicht zur Last fallen solle. Aber... und hinter diesem »Aber« versteckt er sich. Alle seine Symptome hindern ihn daran, so zu handeln, wie er sollte. Diese »Ja-aber-Haltung« ist ganz typisch für Neurotiker, aber nicht für Kriminelle. Der Kriminelle anerkennt keine sozialen Forderungen. Er leugnet sie einfach und geht offen gegen die Gesellschaft vor. Er ist ein aktiver, kämpferischer Typ, der mit Gewalt zu erreichen sucht, was er wünscht, und mehr zu bekommen sucht, als er besitzt.

Dies können wir besonders bei bestimmten Schwerverbrechern aus wohlhabenden Familien beobachten. Der Fall des einzigen Sohnes einer reichen europäischen Familie war in dieser Beziehung aufschlußreich. Er wuchs in dem Glauben auf, er könne alles haben, was er sich wünscht. Wenn sich ihm und der Erfüllung seiner Wünsche Hindernisse in den Weg stellten, betrachtete er dies als einen Verstoß gegen seine Rechte und kämpfte mit Gewalt gegen sie an. Eines Tages trug seine Tante einige Schmuckstücke, die ihm besonders gefielen. Als sie sich weigerte, sie ihm zu geben, drang er in ihr Zimmer ein, tötete sie und verschwand mit seiner Beute.

Kriminelle folgen ihrer eigenen Logik, welche die Rechte der Gesellschaft nicht berücksichtigt. Von ihrem Standpunkt aus ist es völlig in Ordnung, sich einfach zu nehmen, was man haben will, ohne dabei an das Leid und den Kummer zu denken, den man damit anderen vielleicht zufügt. Die Geschichte hält zahlreiche Beispiele für solche Kriminelle bereit, die Führer von Nationen waren. Der einzige Fehler, den ein Krimineller jemals zugeben wird, ist, gefaßt zu werden. Das beliebteste Gesprächsthema in Gefängnissen ist die Frage, wie man es beim nächsten Mal besser machen kann, ohne dabei erwischt zu werden. An einen bekannten Fall werden sich viele noch erinnern, nämlich an den Fall eines Jungen aus reichem Haus, der unter Mithilfe eines Freundes einen Jungen tötete. Als er verhaftet wurde, betonte er wiederholt, man hätte ihn nie gefaßt, wenn man nicht seine Brille in der Nähe des Tatortes gefunden hätte. Seine Aufmerksamkeit galt allein seinem »Fehler«. Die Tatsache, daß viele Verbrecher nicht gefaßt werden, spornt sie dazu an, weiterzumachen und zu hoffen, daß sie ihre Arbeit so gut verrichten, daß sie nie geschnappt werden.

Diese psychischen Mechanismen zeigen sich bei dem Fall eines Kriminellen:

Der Patient war 22 Jahre alt, der älteste von elf Geschwistern. Seine Eltern waren Einwanderer aus einem südeuropäischen Land.

Es ist eine interessante Tatsache, daß in der ersten Generation von Einwanderern relativ wenig Kriminelle zu finden sind, daß in der zweiten Generation hingegen der Prozentsatz wesentlich höher ist. Menschen, die ihr Land verlassen, betreten ihre neue Heimat in der Regel in der Hoffnung, sich eine bessere Zukunft aufzubauen. Sie fühlen sich wie Pioniere. Dieser Geisteszustand führt nicht zur Ent-

52

wicklung von Kriminalität. Ihre Nachkommen befinden sich in einer anderen Situation. Sie wachsen mit dem Gefühl des kulturellen Andersseins auf, und sie haben oft Schwierigkeiten, gute Beziehungen zu ihren Spielkameraden herzustellen. Ihre Nachbarn betrachten sie häufig als Angehörige einer niederen sozialen Schicht. All diese Faktoren können einem Kind das Gefühl geben, in einer feindlichen Umgebung aufzuwachsen, in der es um seine Rechte kämpfen muß.

Unser Patient erzählte, daß er von seinen Eltern liebevoll behandelt worden sei.

Kriminelle kommen nicht unbedingt aus Familien, in denen sie schlecht behandelt wurden. Sehr oft wurden sie verwöhnt.

In seiner Kindheit wurde unser Patient immer sehr böse und hatte Wutanfälle, wenn er nicht bekam, was er wollte. Nur zu Beginn seiner Schulzeit erhielt er zufriedenstellende Noten. Nach den ersten Jahren verlor er das Interesse an seiner schulischen Arbeit.

Das überrascht nicht, wenn man weiß, daß seine jüngeren Geschwister bessere Schüler waren. In dieser Situation gab er auf. Es ist eine bekannte Tatsache, daß eine schlechte Schulbildung nicht gerade förderlich für eine spätere Berufslaufbahn ist. Ein großer Prozentsatz von Kriminellen hat eine unzulängliche Ausbildung. Anstatt sich auf ein produktives Leben vorzubereiten, machte unser junger Mann Pläne, die ihm zu einer anderen Art von »Erfolg« verhelfen sollten. Solche Pläne führen bei Jugendlichen häufig zu ersten kriminellen Handlungen.

Er begann seine »Karriere« mit dem Diebstahl von Autos. Mit diesen Autos fuhr er eine Zeitlang umher und ließ sie dann stehen.

Ein Auto zu besitzen gab ihm das Gefühl der Überlegenheit seinen Kameraden gegenüber. Er hatte ein Auto, die anderen Jungen hingegen nicht, auch seine Geschwister nicht, weshalb er sich ihnen überlegen fühlte.

Als er gefragt wurde, warum er Autos gestohlen habe, erklärte er, er habe sich eben danach gefühlt, und so habe er sie gestohlen.

Das ist die typische Argumentationsweise von Kriminellen. Einer solchen Entwicklung geht das Gefühl voraus, nicht in der Lage zu sein, ein sozial wertvolles Ziel anzustreben.

Als er elf war, schickte man ihn in eine Besserungsanstalt, und seither hat er fast die ganze Zeit in Anstalten und Gefängnissen verbracht.

Er wurde wegen Diebstahl, Raub und schließlich wegen eines Über-
falls mit einer gefährlichen Waffe bestraft.

Bei der Untersuchung seiner Einstellung zu wichtigen Lebenspro-
blemen (Berufsprobleme ausgenommen) ist interessant festzustellen, welche Einstellung er zum anderen Geschlecht hat.

Er betonte, daß er eine feste Freundin habe, die er liebe.

Es ist aber kaum zu erwarten, daß er einer Partnerin gegenüber sehr
rücksichtsvoll ist. Und daher dürfte er sich in Fragen der Liebe wohl
kaum richtig verhalten.

Er erzählte, sie sei ein wunderbares Mädchen, das ihm jeden Wunsch
von den Augen ablesen könne.

Das ist ein Hinweis auf die Art ihrer Beziehung. So eine Frau mußte
ihm natürlich gefallen, da sie ihm alle seine Bedürfnisse und Wünsche erfüllte. Nach einer solchen Beziehung hatte er sich gesehnt.
Häufig sieht man einen Kriminellen mit einer Frau liiert, die aus
irgendeinem Grund ihr Selbstvertrauen verloren hat. Sie hat das Gefühl, nur dann ein Lebensrecht zu haben, wenn sie sich für jemanden aufopfern könne, der ohne sie verloren wäre. Oft haben besonders Schwerverbrecher ausschließlich Beziehungen zu solchen
Frauen. Ähnlich waren auch die sozialen Reaktionen unseres Patienten.

Während seiner Kindheit hatte er keine Freunde. Später sammelte er
eine Gruppe von Freunden, ebenfalls Kriminelle, um sich.

Von ihnen konnte er Hilfe erwarten, und da sie in der gleichen Situation wie er selbst waren, stärkten sie auch sein Selbstvertrauen und
bildeten für ihn eine eigene Welt, in der seine persönliche Logik
gültig war. Der fehlgeleitete Geisteszustand von Kriminellen muß
ebenso behandelt werden wie der von Neurotikern. Die Schwierigkeit besteht darin, daß sich der Kriminelle aufgrund seiner Haltung
nicht für Menschen interessiert, die nicht bereit sind, sich ihm zu
unterwerfen. Aus diesem Grund sind typische Verbrecher fast nie
dazu bereit, sich einer Therapie zu unterziehen, wenn sie aus dem
Gefängnis kommen. Das war auch bei dem oben erwähnten Kriminellen der Fall.

Er kam zu mir, um ein Attest zu bekommen, das ihm bescheinigen
sollte, daß er nicht für längere Zeit im Gefängnis bleiben könne, weil
er dort immer Kopfschmerzen habe.

Es ging ihm nicht um die Frage, wie er das Gefängnis vermeiden könne, sondern um die günstigsten Bedingungen für seine kriminellen Machenschaften.

Als ich auf seine Forderung nicht eingehen wollte, ging er fort, und ich hörte nie wieder von ihm.

Angesichts seines Vorlebens darf man erwarten, daß er seine kriminelle Laufbahn fortsetzte.

Dies war der typische Fall eines Kriminellen, der sich entschieden gegen die Gesellschaft stellte. Daneben finden wir Grenzfälle zwischen Neurose und Kriminalität, von denen einer hier dargestellt sei. In solchen Fällen kommt es zu einer Kombination von neurotischer Passivität und krimineller Aktivität. Es scheint, daß diese Menschen eher bereit sind, um Hilfe und Therapie zu bitten.

Der folgende Fall eines 16jährigen Jungen, dem Sexualdelikte vorgeworfen wurden, ist in diesem Zusammenhang aufschlußreich.

Der Patient war der Sohn eines Richters, der in einem europäischen Land lebte.

Ich habe bereits darauf hingewiesen, daß Kriminelle oft unter den Sprößlingen von Gesetzeshütern zu finden sind; aus der Sicht dieser Kriminellen ist das Übertreten von Gesetzen die wirksamste Methode, diese Gesetzesvertreter zu treffen. Häufig vertreten diese Beamten in ihren Familien eine auffällig strenge Haltung zu Recht und Gesetz und betonen allen gegenüber rigide Regeln. Jede Art von Druck kann leicht Widerstand auslösen, und das erklärt auch, warum man in solchen Familien so viele rebellierende Charaktere findet.

Der Vater des Patienten legte eine stark moralisierende Haltung an den Tag und traktierte sicher in der besten Absicht seine Kinder, besonders seinen ältesten Sohn, ständig mit seinen Ansichten zum Leben und seinen Pflichten. Der Vater setzte hohe Erwartungen in seinen Sohn und hatte entschieden, er solle Arzt oder Richter werden. Die Folge war, daß der Junge unter dem Druck dieser Erwartungen nicht selbst entscheiden konnte, welchen Beruf er ergreifen wollte. Seine Mutter war einige Jahre zuvor gestorben. Der Junge hatte eine ältere Schwester, die als besonders intelligent galt und ausgezeichnete Noten nach Haus brachte. Als sie 18 Jahre alt war, entwickelte sie eine paranoide Schizophrenie und mußte in ein Heim geschickt werden. Eine jüngere Schwester des Jungen war ebenfalls sehr intelligent.

Man darf ruhig annehmen, daß die ältere Schwester einerseits ein Problem für die anderen Kinder darstellte, wie das bei einer Psychose in einer Familie der Fall zu sein pflegt. Andererseits wurde der Junge auch von seiner jüngeren Schwester bald übertroffen, die sich, wie die meisten Mädchen in der Pubertät, schneller als er entwickelte. Seine Position wurde von beiden Seiten bedroht.

Einige Jahre nach dem Schuleintritt der jüngeren Schwester verlor der Junge jegliches Interesse an der Schularbeit und war knapp daran zu scheitern.

Ein weiteres Handicap war, daß er Linkshänder war und daran nie etwas zu ändern versucht hatte. Er akzeptierte seine Ungeschicktheit als einen nicht zu verändernden Zustand, wie auch viele Pädagogen.

Auf die Frage, warum er nie an Spielen teilnahm, antwortete er, daß so etwas ihm eben nicht liege. Doch Wettkämpfe verfolgte er besonders gern.

Das bedeutete für ihn kein Risiko. In diesem Zusammenhang dürfte es von Interesse sein, eine andere Organminderwertigkeit bei ihm zu erwähnen.

Die Sehkraft eines Auges war ziemlich schwach, und daher schielte er ein wenig.

Die besondere Vorliebe des Patienten für das Beobachten könnte eine Folge seines Interesses an der Sehschwäche gewesen sein. Darauf werden wir später noch zurückkommen.

Er ging nie mit Mädchen aus. Er wollte aber eines Tages heiraten, jedoch keine Kinder haben.

Diese »Ja-aber-Haltung«, charakteristisch für Neurotiker, zeigte sich in allen seinen Unternehmungen. Sein Intellekt sagte gewöhnlich »Ja« und befürwortete soziale Forderungen und gesunden Menschenverstand. Aber – er glaubte nicht, daß er seine Probleme lösen könne, und wollte es auch nicht. Das bewies sein »Aber«, das allen seinen schwachen Versuchen, vorwärts zu kommen, folgte. Er verhielt sich wie jemand, der einen Schritt nach vorn und einen zurück macht, mit dem Ergebnis, daß er nicht von der Stelle kam. Er baute sich ein Leben in der Isolation auf – nicht gerade ein vielversprechender Anfang für künftige Aktivitäten.

Eines Abends versuchte er nach Einbruch der Dunkelheit, fremde Frauen auf der Straße zu liebkosen. Wenn die Frauen schrien, lief er weg. Er wiederholte dies bei mehreren Gelegenheiten, weil es ihm ein Gefühl der Befriedigung vermittelte. Er erklärte, es habe ihm nichts ausgemacht, ob die Frauen hübsch oder häßlich, alt oder jung waren.

Dieses Verhalten zeigt deutlich, daß er nur sich und nicht den Partner im Sinn hatte, als ob Fragen der Liebe und Sexualität nur ihn beträfen. Diese Einstellung läßt sich bei vielen anderen perversen Menschen beobachten.

Er bohrte auch Löcher in die Wände von Damentoiletten, um Frauen beim Entkleiden zu beobachten.

Dies beweist wiederum seine Isolation und seine Unfähigkeit, sich emotional zufriedenstellend anzupassen.

Eine Organminderwertigkeit ist oft der Grund für die Bildung eines neurotischen Symptoms. In diesem Fall kann die Sehschwäche, die ihm sehr zu schaffen machte, zu dieser besonderen Form sexueller Abnormität beigetragen haben.

Als ich ihn zum erstenmal sah, erschien er mir als ein sehr lustloser junger Mann ohne jegliches Gemeinschaftsgefühl.

Anstatt zu kämpfen, wie wir das von Kriminellen erwarten könnten, zog er sich vom Leben zurück und schränkte sich ein. Solche Merkmale finden wir bei vielen Borderline-Fällen, zu denen Neurotiker gehören, die mit dem Gesetz in Konflikt geraten sind.

Im Laufe der folgenden Monate war es möglich, ihm zu helfen, seinen Problemen aktiver und in gesellschaftlich positiverer Weise zu begegnen. Er beendete die Schule mit guten Noten, obwohl er zuvor sitzengeblieben war. Die Veränderung war offensichtlich, als er zu mir kam, um mich um Rat wegen seiner seelisch kranken Schwester zu fragen, obwohl er vorher keinerlei Anteilnahme an anderen gezeigt hatte. Er bat mich, ihr zu helfen.

Anschließend wählte er einen Beruf und hatte seither keine weiteren Schwierigkeiten mehr.

Wie bereits erwähnt, muß man annehmen, daß der Vater in diesem Fall ein entscheidender Faktor war, obwohl er alles in bester Absicht tat. Es war interessant zu verfolgen, welche Rolle der Vater in den Halluzinationen der Tochter spielte. Nach der Krankengeschichte hörte sie, als sie zum erstenmal ins Krankenhaus eingewiesen wurde, dauernd die Stimme ihres Vaters, die ihr Befehle gab; überall im Raum sah sie seine Augen und glaubte, verschiedene Gegenstände dort gehörten ihm. Es wäre eine ungerechtfertigte Vereinfachung, daraus zu schließen, daß der Vater das auslösende Moment in der Entwicklung ihrer Psychose war. Die Struktur einer Psychose ist viel komplizierter und zum großen Teil noch unbekannt. Wir können lediglich sagen, daß die Elemente von Halluzinationen uns wichtige Informationen über die auffälligsten Einflüsse auf die Persönlichkeit des Patienten liefern.

Das Thema dieses Kapitels, die wichtigsten Ähnlichkeiten und Unterschiede zwischen der Entwicklung von Neurotikern und Kriminellen, können wir jetzt kurz zusammenfassen: In der Kindheit zeigt sowohl der potentielle Neurotiker als auch der potentielle Kriminelle einen Mangel an Gemeinschaftsgefühl. Der potentielle Neurotiker gehört zu den eher passiven Menschen und ist häufig still, verträgt sich nicht gut mit anderen Kindern, ist dabei aber höflich und friedlich. Er versucht, seinen Aufgaben gerecht zu werden, schreckt aber immer wieder davor zurück und bildet neurotische Symptome als Alibis, hinter denen er sich verstecken kann. Er versucht, eine Situation nach dem »Ja-aber«-Muster zu bewältigen, und gibt damit zu verstehen, daß man von ihm nichts anderes erwarten kann. Ein potentieller Krimineller dagegen ist als Kind aktiv; er kämpft gegen soziale Konventionen an, seine Antwort auf gesellschaftliche Forderungen ist »Nein!« Er versucht mit Gewalt zu erreichen, was er sich wünscht, ohne Rücksicht auf die Konsequenzen, und er ist der Meinung, daß sein asoziales Verhalten gerechtfertigt sei. Es ist wichtig, diese beiden Typen rechtzeitig zu erkennen, denn während der Kindheit ist es leichter, einem Menschen zu zeigen, daß er Anerkennung gewinnen kann, wenn er sich gesellschaftlich akzeptabel verhält.

Erfahrungen haben gezeigt: Wie der Psychotherapeut ausreichende Kenntnisse über alle Einflüsse auf das Leben eines Patienten haben muß, so sind auch diejenigen am besten auf den Umgang mit Kriminellen vorbereitet, die genügend Wissen über alle mit Kriminalität zusammenhängenden Fragen besitzen. Der Bewährungshelfer, der mit diesem Wissen ausgestattet ist, kann am wirksamsten mithelfen bei dem immer stärker werdenden Bemühen, die beste Methode einer Therapie von Kriminellen herauszuarbeiten.

7. Die Bedeutung von Träumen und frühen Erinnerungen

Beim Versuch, eine Persönlichkeit zu verstehen, muß man jede ihrer Äußerungen gründlich untersuchen, weil sie einen mehr oder weniger großen Baustein im Gesamtgefüge eines Menschen darstellt. Zwei ganz wichtige Strukturen für ein besseres Verständnis vom Menschen von entscheidender Bedeutung sind Träume und frühe Erinnerungen. Es ist allgemein bekannt, daß sich das Interesse für Träume bis in die früheste aufgezeichnete Geschichte des Menschen zurückverfolgen läßt. Träume werden besonders in der Bibel sowie in der griechischen und römischen Literatur erwähnt. Für Menschen der Antike waren sie von prophetischer Bedeutung. Darauf werden wir in einem anderen Zusammenhang noch zurückkommen. Große Dichter, mit der menschlichen Natur am besten vertraut, betonen häufig ihre Bedeutung. Viel verdanken wir Freud und seiner Pionierarbeit auf dem Gebiet der Traumdeutung. Er war der erste, der diese Traumdeutung für ein tiefergehendes Verständnis vom Menschen wissenschaftlich auswertete. Seine Anwendung der freien Assoziation auf diesem Gebiet ist von bleibendem Wert. Die Psychoanalyse ist wie die Individualpsychologie eine noch junge Wissenschaft. Veränderungen und Revisionen lassen eine fortlaufende Entwicklung in Richtung eines umfassenderen Verständnisses psychischer Probleme erkennen. Mangelndes Wissen auf diesem Gebiet entspricht dem in anderen Disziplinen der Wissenschaft. Da es nur eine Wahrheit gibt, darf man erwarten und hoffen, daß wir irgendwann einmal nur eine gültige Antwort auf psychologische Fragen haben, eine Antwort, die sich aus allen heutigen Theorien ergibt. Die hilfreichste Aussage wird aufbewahrt werden, während unhaltbare Generalisierungen und Hypothesen abgelegt werden. So gesehen ist es erfreulich zu beobachten, daß die Psychoanalyse im besonderen ihre Theorien ständig revidiert und erweitert. Dies zeigt sich an einigen Änderungen der psychoanalytischen Traumdeutung. Früher wurden Träume als die Erfüllung verdrängter Wünsche, besonders sexueller Wünsche, angesehen. Freud[1] selbst hat diese Theorie erweitert und Träume als den *Versuch* der Wunscherfüllung bezeichnet. Dieses Konzept kommt der von Alfred Adler[2] vertretenen Deutung näher. Die Individualpsychologie ist der Auffassung, daß Träume ihren Ursprung in unabgeschlossenen und ungelösten Problemen haben, die den Menschen belasten und die er während des Tages nicht lösen konnte. Das läßt sich durch ein Fragezeichen symbolisieren, das die Unsicherheit des Träumers über die Lösung eines bestimmten Problems zum Ausdruck bringt. Aus dieser Vorstellung ergibt sich, daß jeder Traum irgendwie in die Zukunft weist. Der betreffende Mensch wird sich mit der unbeantworteten Frage noch einige Zeit herumschlagen müssen.

Die Denkprozesse im Gehirn dauern auch während der Nacht an. Sonst könnten wir nicht verstehen, wie ein Mensch genau zu einer von ihm vorher bestimmten Stunde aufwacht. Der Mensch entscheidet, auf welche äußeren Sinnesreize er reagiert und welche er unbeachtet läßt. Eine Mutter wird durch ein vorbeifahrendes Feuerwehrauto nicht aufgeweckt, wacht aber bei der leisesten Bewegung ihres Babys auf. In ähnlicher Weise greifen Träume aus den zahllosen unerledigten Ereignissen des Tages nur die auf, die für den Träumer von aktueller Bedeutung sind oder die zumindest für spätere Lebensentscheidungen bedeutsam erscheinen.

Die verschiedenen Elemente des manifesten Trauminhaltes können nur mit Hilfe der freien Assoziation und bei detaillierter Kenntnis des jeweiligen Falles vollständig gedeutet werden. Mit dem Begriff des »manifesten Trauminhaltes« bezeichnet Freud das Traummaterial, das der Träumer vorbringen kann. Der »latente Trauminhalt« tritt bei der Traumdeutung zutage. Eine grobe Orientierung über die Situation eines Menschen können wir durch die Beobachtung von charakteristischen Merkmalen und Bewegungsrichtungen in gewissen typischen Träumen gewinnen. Wir wissen zum Beispiel, daß viele Menschen träumen, sie flögen oder kletterten. Solche Träume sind charakteristisch für Menschen, die sich besonders an-

---

[1] Freud, Sigmund: *Neue Folge der Vorlesungen zur Einführung in die Psychoanalyse.* S. Fischer, Frankfurt am Main, Gesammelte Werke, Bd. 15.
[2] Adler, Alfred, »Zur Traumdeutung«, in: *Psychotherapie und Erziehung. Ausgewählte Aufsätze*, Bd. III, 1933–1937, Fischer Taschenbuch 6748.

strengen, eine höhere Position als andere zu erlangen, das heißt Führer oder Herrscher zu werden. Dabei muß man aber bedenken, daß solche Menschen nicht von Erfolg träumen würden, wenn sie sich dessen sicher wären. In Träumen äußert sich Unsicherheit und Angst, man könne das erstrebte Ziel nicht erreichen. Menschen mit bestimmtem Prestige, die sich davor fürchten, es zu verlieren und zurückzufallen, träumen häufig, sie fielen in einen tiefen Abgrund. Träume, in denen Tote erscheinen, treten bei Menschen auf, die eine geliebte Person verloren haben und die ständig so intensiv an sie denken, als lebte sie noch. Sie wollen es nicht wahrhaben, daß sie tatsächlich tot ist. Das geschieht in der Regel in der Zeit unmittelbar nach dem Tod. Dies war auch so bei einem Jungen, der seinen Vater verloren hatte. Kurze Zeit danach sah er seinen Vater im Traum und hörte ihn sagen: »Du glaubst doch nicht, daß ich wirklich tot bin. Ich bin es nicht, ich bin nur bewußtlos.« Sein Vater sah ihn dann eine Weile an und sagte schließlich: »Du bildest dir das alles nur ein. Ich bin wirklich tot.« Dinge, die wir für uns endgültig erledigt haben, werden gewissermaßen in unserem Gehirn beiseite gelegt, während drängende, ungelöste Probleme anscheinend dauernd unsere Aufmerksamkeit beanspruchen und so unser Denken Tag und Nacht beeinflussen. Es ist nicht allgemein bekannt, daß es ein einfaches Mittel gibt, Träume zu verhindern, nämlich vor dem Einschlafen noch eine endgültige Schlußfolgerung über bestimmte Dinge zu treffen. Dieses einfache Mittel ist besonders erfolgreich anzuwenden bei Kindern, die sich davor fürchten, von schrecklichen Dingen zu träumen, die sie kürzlich im Schlaf erschreckt haben. Jedes Gespräch mit einer einfachen Erklärung zu dem Thema wird das Kind davor bewahren, wieder davon zu träumen. Wiederholte Träume zeigen, was einen Menschen besonders beschäftigt, welche Fragen er schon eine Zeitlang erfolglos zu beantworten versucht.
Oft träumen Menschen, daß sie einen Zug versäumen. Das bedeutet, daß sie einem Problem durch Zuspätkommen ausweichen möchten. Der Träumer hält eine Situation für gefährlich, und er ist daher im Zweifel, ob er sich ihr stellen oder lieber weglaufen soll. Angstträume voller Kämpfe und Schießereien können bei Menschen auftreten, die Unglücksfälle des Lebens nicht bewältigt haben und sich davor fürchten, in eine schreckliche Situation hineingezogen zu werden, in der sie Verlierer sind.

Der Prozeß, in dem Tagesereignisse symbolisch verschlüsselt werden, ist eine Leistung der »Traumzenzur«, wie Freud sie genannt hat. Man kann diesen Mechanismus besser verstehen, wenn man sich klarmacht, daß man sich wahrscheinlich auch einer kaum verständlichen, komplizierten Ausdrucksweise mit Analogien und Symbolen bedient, wenn man über ein Thema spricht oder schreibt, das man nur ungenügend beherrscht. Das dürfte eine allgemein übliche Reaktionsweise auf schwierige Situationen sein.

Es ist interessant, Leute zu beobachten, die behaupten, niemals zu träumen. Gewöhnlich ist diese Behauptung eine Übertreibung, diese Leute träumen sehr wohl, wenngleich selten. Das totale Fehlen von Träumen oder nur seltenes Träumen kann Verschiedenes bedeuten. In der Regel träumen mutige Menschen selten, weil sie den Tag dazu nutzen, ihre Probleme zu lösen. Aber im Leben jedes Menschen gibt es von Zeit zu Zeit Situationen, die über längere Zeit hinweg unlösbar sind und daher zu Träumen Anlaß geben. Andererseits begegnen uns schwerkranke Neurotiker, die nicht träumen. Dies geschieht in der Regel dann, wenn sich die Lage des Neurotikers etwas stabilisiert hat und der Patient diesen Zustand beibehalten möchte. Er mag etwa zu diesem Zeitpunkt erreicht haben, daß die ganze Familie ihn ständig als Dienstpersonal umgibt, sich wünschen, in diesem »Mauseloch« bleiben zu können, weil er glaubt, dies sei der für ihn wünschenswerteste Zustand.

Auch geistig Behinderte träumen in der Regel nicht. Sie sind nicht kreativ, stellen sich ihren Problemen nicht und bemühen sich daher auch nicht um ihre Lösung.

Interessant ist, daß ein Patient, der immer viel geträumt hat, aufhören kann zu träumen, wenn er sich einer Psychotherapie unterzieht. Da Träume ausgewertet werden und ein wichtiges Hilfsmittel der Therapie darstellen, bedeutet es ein Handicap, wenn man aufhört zu träumen. Dies geschieht dann, wenn ein Patient nicht kooperativ ist. Häufig kommt es zu Beginn der Therapie dazu, wenn der Patient unbewußt oder zuweilen auch ganz bewußt dem Therapeuten Schwierigkeiten in den Weg legt. Daher ist das Aufhören des Träumens ein zusätzlicher Beweis dafür, daß das persönliche Ziel die Denkweise und die Gefühle eines Menschen beeinflußt und so zur Entwicklung von Emotionen, Träumen etc. führt, die mit der Haltung des Menschen in Einklang stehen. Am Beginn der Therapie kommt es auch häufig vor, daß der Patient dem Arzt bedauernd mitteilt, daß er den Traum der letzten Nacht vergessen habe. Auch das Gedächtnis ist der Gesamtpersönlichkeit untergeordnet, und daher kann man sich Eindrücke merken oder sie verdrängen.

Der letztere Mechanismus läßt sich bei den frühen Erinnerungen eines Menschen nachweisen. Wie ein Träumer entscheiden kann, an welchen Traum er sich erinnern und welchen er vergessen möchte, so demonstrieren auch die frühen Erinnerungen den Selektionsprozeß des Gehirns. Auf die Bedeutung der frühen Erinnerungen für das Verstehen der Psyche hat Freud ebenfalls zuerst hingewiesen. Er macht sich Erinnerungen zunutze, die unbewußt geworden sind und im Laufe der Psychoanalyse nur schrittweise an die Oberfläche gelangen. Sie werden als Ergebnis traumatisierender Erfahrungen, besonders sexueller Erfahrungen, und daher als ins Unbewußte verdrängt angesehen. Wir betrachten dieses Thema von einem anderen Gesichtspunkt. Die Individualpsychologie betont die Bedeutung von bewußten und unbewußten Erinnerungen für das Verstehen des jeweiligen Falles und verwendet beide für die Erklärungen, die sie Patienten gibt. So werden sowohl tatsächliche Aktivitäten des Patienten wie auch seine geplanten, dann aber aufgeschobenen oder völlig fallengelassenen Handlungen in gleicher Weise beobachtet und analysiert. Die Individualpsychologie definiert frühe Erinnerungen als Gedächtniseindrücke des einzelnen, die behalten werden, weil sie in unmittelbarem Zusammenhang mit der persönlichen Entwicklung und dem Ziel des Betreffenden stehen. Es ist, als schneide man aus einem Film ein einziges Bild heraus, um es aufzubewahren, weil es angeblich das wichtigste aus der ganzen Reihe ist. Nur wenn man den Film in seiner Gesamtheit betrachtet, kann das Bild seinen ihm zukommenden Platz einnehmen.

Wir haben gezeigt, daß man, auch wenn wir die Details eines Traumes nur nach genauer Analyse verstehen, bestimmte wichtige Züge, Überschriften sozusagen, häufig durch Beobachtung der allgemeinen Tendenz interpretieren kann. Das gleiche gilt auch für frühe Erinnerungen. Die zugrunde liegende Bedeutung können wir meist sofort erkennen, unabhängig davon, ob die Erinnerung bewußt behalten oder erst nach längerer Untersuchung ins Bewußtsein gebracht wurde. Einige Details mögen zunächst unklar bleiben; es ist fraglich, ob es tatsächlich immer notwendig ist, alles zu interpretieren. Darüber hinaus kann der Versuch, alles zu erklären, zu schwerwiegenden Fehlinterpretationen führen. Oft findet man lediglich heraus, was der Patient in der gegebenen Situation, besonders in bezug auf die Patient–Therapeut-Beziehung, assoziiert. Seine Assoziationen zu einem bestimmten Thema können in einer anderen Situation und bei einem anderen Arzt ganz anders sein. Aus diesem Grund scheint es ratsam, besonders die Hauptgegenstände einer Erinnerung zu analysieren. Viele Assoziationen zu gewissen Details der Erinnerung sind lediglich Antworten auf die gegenwärtige Situation und enthüllen nicht die psychischen Mechanismen, die während der jeweiligen Periode der Kindheit wirksam waren.

Einige Beispiele mögen den Sachverhalt verdeutlichen. Menschen, deren früheste Erinnerungen sich auf ihren ersten Tag im Kindergarten oder in der Schule beziehen, haben meist Angst vor neuen Unternehmungen und scheuen davor zurück. Aus diesem Grund blieb auch ihr Interesse stets auf die genannten Ereignisse gerichtet. Dieses war nicht das traumatisierende Ereignis, sondern sie waren bereits vorher traumatisiert worden, und daher war dieses bestimmte Erlebnis, das für andere Kinder vielleicht ganz unwichtig wäre, für sie von großer Bedeutung. Hat die früheste Erinnerung eines Menschen zum Inhalt, daß er mit seiner Mutter herumgeht, so zeigt dies, daß der Betreffende besonders mit ihr verbunden war und andere Menschen mehr oder weniger von seinem Interessengebiet ausschloß. Erinnert sich jemand zuerst an den Vater und nicht an die Mutter, obwohl diese zunächst natürlich eine wichtigere Rolle spielt, so läßt dies erkennen, daß das Kind aus irgendeinem Grund sehr früh der Mutter entfremdet worden ist.

Die frühesten Erinnerungen mancher Menschen beziehen sich auf eine Krankheit. Das kann Verschiedenes bedeuten. Es kann bedeuten, daß jemand besonders große Angst vor den Lebenstragödien und vor bevorstehenden schrecklichen Ereignissen hat. Aber sehr häufig zeigt sich darin das frühe Interesse eines Menschen, der sich vor Katastrophen, Krankheiten und vor dem Tod nicht nur fürchtet, sondern dagegen kämpfen will, und das mag ihn schließlich dazu veranlassen, Arzt zu werden. Eine der frühesten Erinnerungen meines Vaters war der Tod seines Bruders aufgrund einer Lungenentzündung.

Oft stellt es sich heraus, daß es sich bei den Erinnerungen nur um

Phantasien handelt, aber auch Phantasien sind wichtig und oft sehr aufschlußreich. Manchmal hören wir von Erinnerungen wie der folgenden: »Ich erinnere mich an meine Geburt. Meine Mutter nahm mich in den Arm.« Das ist nicht möglich, da das Gehirn eines Neugeborenen physiologisch nicht in der Lage ist, solche Eindrücke so früh zu registrieren, sondern erst ab einem Alter von ungefähr drei Jahren. Aber diese Phantasie zeigt, daß der Betreffende alles mit seiner Mutter verbindet und daher ein Phantasiegebäude aufgebaut hat, in dem seine Mutter, die einzige Person, für die er sich interessiert, präsent sein muß. Ein solcher Mensch wird sich sein ganzes Leben lang so verhalten, als könne er ohne seine Mutter nicht existieren. Die folgenden Beispiele sollen die Deutung von Träumen und frühen Erinnerungen anhand von Fallbeispielen illustrieren, die bereits in vorangegangenen Kapiteln besprochen worden sind, dort allerdings unter Verzicht auf Träume und Kindheitserinnerungen.

Der erste Fall betrifft den achtjährigen Jungen, der an einer Zwangsneurose litt (3. Kapitel). Von übervorsichtigen Eltern und zahlreichen unglücklichen Umständen eingeschüchtert, entwickelte der Junge eine Haltung, als schränke er sich selbst in allen seinen Aktivitäten ein. Er hatte Angst davor, zu den Verlierern zu zählen, und befürchtete besonders, von seiner jüngeren Schwester übertroffen zu werden. Seine Neurose trat auf, nachdem er sich bei einem Unfall eine entstellende Narbe im Gesicht zugezogen hatte, und sie äußerte sich darin, daß er glaubte, er werde ständig von Planken, die an seinen Händen und Füßen klebten, zurückgehalten. Auch glaubte er, sein Füllfederhalter falle ihm beim Schreiben aus der Hand, und er meinte, daß er laut »Warte ein wenig!« sagte, usw.

Zum erstenmal zeigte er sein Mißtrauen anderen gegenüber, als ich ihn nach Träumen fragte und er antwortete, daß er in einem freien Land lebe und nicht sprechen müsse, wenn er dies nicht wolle. Einige Tage später erzählte er mir jedoch spontan den folgenden Traum:

Er ging in einen Reitstall und führte ein Pferd für ein Rennen heraus. Das Rennen begann, er aber blieb im Stall.

Dieser Traum ist Ausdruck eines Menschen, der glaubt, im Leben eine inaktive Rolle zu spielen. Wahrscheinlich symbolisierte das Pferd in diesem Traum seine Schwester. Das ist ein Punkt, den man durch genauere Befragung klären könnte. Aber man gewinnt kaum etwas, wenn man feststellt, ob das Pferd nun für die Schwester oder für jemand anderen steht, weil er sich allen Menschen gegenüber, die er als Konkurrenten empfand, gleich verhielt.

Seine früheste Erinnerung: Als der Junge drei Jahre alt war, kaufte der Vater, der in finanziellen Schwierigkeiten war, sein erstes Auto. Es war in einem so schlechten Zustand, daß es bei jeder Fahrt bereits nach wenigen Kilometern zusammenbrach.

Wichtig ist, daß sich der Junge für ein Bild interessierte, das für seinen Lebensstil typisch war, und es im Gedächtnis behielt. Wie das Auto, so blieb auch er stehen, nach vergeblichen Versuchen, vorwärtszukommen. Das defekte Auto, das für andere vielleicht nicht sonderlich interessant wäre und das sie folglich auch nicht in Erinnerung behalten, faszinierte unseren Jungen zu jener Zeit. Der zweite Fall ist der des dreizehnjährigen Mädchens; es war das jüngste Kind in der Familie und hing besonders an der äußerst dominanten Mutter (4. Kapitel). Es lehnte sich mehr und mehr gegen diese Mutter auf und versuchte ihrerseits die Familie zu beherrschen. Dies gelang ihr schließlich durch eine schwere Neurose, die man fälschlicherweise auch für eine Katatonie hätte halten können. Zu Beginn der Behandlung hatte das Mädchen folgenden Traum:

Es ritt auf einem Pferd, während alle anderen zu Fuß gingen.

Dieser Traum zeigt es in seiner Idealrolle, das heißt, in einer höheren Position als die anderen. Es ist verständlich, daß ein solcher Mensch alles mögliche versucht, um sein Ziel zu erreichen, und dabei darf man eindrucksvolle Handlungen erwarten. Die früheste Erinnerung des Mädchens:

Die Mutter geht mit ihr umher und spielt mit ihr.

Es wäre kaum verständlich, wenn sich die früheste Erinnerung des Mädchens auf den Vater bezogen hätte, da sie immer besonders an der Mutter hing und sie dauernd in ihrer Nähe wissen wollte.

Im nächsten Fall wenden wir uns wieder dem 17jährigen Jungen zu, der ein Grenzfall zwischen Neurose und Kriminalität war (6. Kapitel). Er war sehr still, seine Entwicklung war offensichtlich sehr von der Tatsache geprägt, daß sowohl seine ältere als auch seine jüngere Schwester überaktiv und hochbegabt waren. Er hatte jedes Gemeinschaftsgefühl verloren und verhielt sich dem Leben gegenüber wie ein isolierter Mensch, der keine Rücksicht auf andere nimmt. Er geriet in Schwierigkeiten, weil er fremde Frauen auf der Straße belästigte und Frauen beim Ausziehen beobachtete.

Er träumte oft davon, irgendwo hinaufzuklettern und dann herunterzufallen.

In dieser Art von Traum erkennen wir die gleiche Tendenz, die wir schon bei anderen Gelegenheiten beobachtet haben. Wenn er einen Schritt nach vorn tat, folgte bald ein Schritt zurück, so daß er nie vorwärts kam. Diese typische »Ja-aber-Reaktion« wird in diesem Traum symbolisiert. Seine erste Erinnerung:

Er saß zu Hause und sah den anderen Kindern beim Spielen zu.

Das gleiche Verhalten zeigte er auch während seiner späteren Entwicklung. Er beteiligte sich niemals an Spielen, sondern sah immer nur zu; er war nie fähig, sich seinen Kameraden anzupassen.

Der letzte Fall ist der eines 22jährigen Kriminellen, dem ältesten von elf Kindern einer Einwandererfamilie, der sich von frühester Kindheit an gegen die Gesellschaft aufgelehnt hatte (6. Kapitel). Er war ein aktiver Typ, wie wir ihn oft bei potentiell kriminellen Kindern finden, die ständig um »Wunscherfüllung« kämpfen und sich mit Gewalt das zu nehmen versuchen, was sie sonst nicht ohne weiteres erhalten. Ab seinem elften Lebensjahr verbrachte er die meiste Zeit in Erziehungsanstalten und Gefängnissen.

Er träumte wiederholt von schrecklichen Auseinandersetzungen mit Schlägereien, Schießereien und Blutvergießen; häufig träumte er auch, aus großen Höhen zu fallen.

Wie andere Kriminelle, so wurde auch er nur von der Angst vor Niederlagen, das heißt davor, gefaßt zu werden, beherrscht. Verhaftet zu werden bedeutete für ihn einen Prestigeverlust, da sein Ideal der perfekte Verbrecher war. Diese durchaus gerechtfertigte Angst führte zu jenen Angstträumen, die für Kriminelle typisch sind und Züge aufweisen, welche die allgemeine Meinung, Kriminelle seien grundsätzlich mutig und heldenhaft, widerlegen. Seine früheste Erinnerung:

Er erinnerte sich an die Zeit, als er drei Jahre alt war. Immer wenn er etwas haben wollte, was er nicht haben konnte, wurde er zornig und bekam Wutanfälle.

Auch dieser Patient zeigt in seiner frühesten Erinnerung die Haltung, die für sein ganzes Leben kennzeichnend ist. Die Erinnerung läßt erkennen, daß er sich hauptsächlich mit dem Gedanken beschäftigte, seine Wünsche zu erfüllen, wenn nötig mit Gewalt. Bereits in der Kindheit bildete er aufgrund von Erfahrungen Methoden aus, die ihm im späteren Leben halfen, zurechtzukommen und zu erreichen, was er »Erfolg« nannte. Sein Interesse an solchen Reaktionen ließ ihn die Wutanfälle der Kindheit in Erinnerung behalten. Damals bildete sich dieses Verhaltensmuster aus. Auf einen letzten Aspekt möchte ich noch genauer eingehen, nämlich darauf, daß sich Träume in ihrem Charakter ändern, wenn sich die Persönlichkeit ändert. Dies können wir während einer Psychotherapie beobachten.

Im folgenden Beispiel geht es um einen 35jährigen Botaniker, der bereits im Alter von sechs Jahren ein abnormes sexuelles Verhalten an den Tag gelegt und ein kleines Mädchen angegriffen hatte. Das war seine erste – und für lange Zeit auch die letzte – Annäherung an das andere Geschlecht. Er hatte eine dominante Mutter, wie das in Familien mit Homosexuellen häufig der Fall ist. Um dem Jungen beizubringen, wie böse sein Verhalten war, setzte die Mutter alle möglichen demütigenden Repressalien ein; so zwang sie ihn zum Beispiel, mehrere Tage lang ein Plakat auf dem Rücken zu tragen, auf dem stand, was für ein ungezogener Junge er sei. Von dem Zeitpunkt an interessierte er sich nicht mehr für Frauen, sondern ausschließlich für Männer. An diesem Zustand änderte sich zunächst nichts. Mit 34 Jahren bemühte er sich mehrmals, Hilfe durch verschiedene Formen der Psychotherapie zu finden, zunächst ohne Erfolg. In unserer ersten Sitzung erzählte er folgenden Traum:

Ich sitze mit einem anderen Mann im Fond eines Autos, das von einem Freund gelenkt wird. Ein Mann, der die Straße überquert, wird von unserem rechten Kotflügel getroffen; er taumelt, fällt aber nicht hin. Der Fahrer sieht das und fragt: »Sollen wir stehenbleiben? Er scheint nicht schwer verletzt zu sein.« Und als der Mann zu fallen droht, sagt der Fahrer: »Oh, schon geschehen! Sollen wir ihn mitnehmen?« Ich sage: »Natürlich solltest du stehenbleiben und ihn mitnehmen.« Kaum habe ich das gesagt, fährt ein Auto, aus einer Querstraße kommend, in das unsere, und die rechte Seite unseres Autos wird eingedrückt. Wir bleiben plötzlich stehen, und zwar nahe bei einem Taxi, das am linken Straßenrand steht. Unser Fahrer hat schwere Schnittwunden erlitten, er blutet und müßte sofort in ein Krankenhaus gebracht werden. Man setzt ihn auf den Rücksitz des

Taxis, und zwar so, daß er halb im Wagen, halb draußen sitzt. Ich sehe einen Polizisten auf der Straße, der weiter den Verkehr regelt und uns ignoriert. Der Taxifahrer sitzt auf dem vorderen Kotflügel des Taxis und liest Zeitung; er scheint es nicht eilig zu haben. Ich wende mich an ihn, doch er antwortet, daß er uns nicht ins Krankenhaus fahren könne. Ich bemerke die schönen neuen Ledersitze des Taxis und vermute, daß er sie nicht mit Blut befleckt haben will, aber der Taxifahrer sagt, das sei nicht der Grund. Ich stütze noch immer den Verletzten, furchtbar in Sorge, es könne noch schlimmer kommen, und hoffe, daß bald Hilfe, vielleicht ein Rettungswagen, auftaucht, und mich ekelt vor dem Blut. Ich frage meinen Freund: »Wie fühlst du dich? Geht es dir besser?« Er antwortet: »Ich fühle mich schrecklich.«

Wofür die verschiedenen Personen in diesem Traum auch stehen mögen, das Auffallendste daran ist, daß nur Männer vorkommen und keine Frauen. Alle seine Interessen und Probleme beziehen sich auf Männer. Andererseits zeigen seine große Unruhe und Besorgnis, daß er einen Ausweg aus diesem Dilemma zu finden sucht. Vier Tage später hatte er folgenden Traum:

Ich lebe mit meiner Familie in einem riesigen, hohen, viereckigen Haus mit sehr großen Zimmern. Im obersten Stockwerk wohnt eine andere Familie, bestehend aus einer älteren Person und einer schönen, großen, jungen Frau, die aber sehr eigenartig ist. Sie verschwindet. In einem benachbarten Haus wohnt ein bösartiges Dienstmädchen.

Ich befinde mich wieder in unserem Haus. Im Zimmer ist eine ältere, adelige Dame, die ziemlich verrückt ist und dauernd über Feuer spricht. Ein großes Gemälde steht mitten im Zimmer. Ich setzte mich zu einem älteren Mann auf ein bequemes Sofa. Er beklagt sich, daß er nicht rauchen könne, weil seine Frau Angst vor Feuer hätte. Ich habe Verständnis für ihn. Während ich mit ihm rede, stecke ich meine Hand in einen Spalt in der Rückenlehne des Sofas und finde eine kleine Hülse in der Form eines Lippenstiftbehälters, nur etwas größer. Ich gebe sie dem Mann. Ich suche weiter und finde noch andere Gegenstände, die ich ihm ebenfalls gebe.

Ich gehe nach oben, an einem großen, düsteren Wandschrank vorbei, in dem sich möglicherweise die erstgenannte junge Frau versteckt hält. Daneben ist das schützende Zimmer meiner Mutter. Ich gehe weiter nach oben in diesem dunklen und einsamen Haus, wo ich mein Zimmer habe. Ihr Zimmer befindet sich auch auf diesem Stockwerk.

Sie ist verschwunden. Ein Freund ist jetzt bei mir. Ich habe Angst und bitte ihn, mit mir zu schlafen.

Das war das erste Mal, daß sich der Patient erinnern konnte, von Frauen geträumt zu haben. Aber die Frauen in diesem Traum sind alles andere als attraktiv. Die erste wird als eigenartig, die zweite als bösartig beschrieben, und die dritte ist alt und verrückt und vermiest ihrem Mann das Leben, indem sie ihn vom Rauchen abhält. Unser Patient war ein passionierter Raucher und hatte daher besonders viel Verständnis für diesen Mann. Er versucht, einer alten Gewohnheit folgend, diesem Schrecken zu entkommen, indem er bei seiner Mutter Schutz sucht. Ein weiterer Versuch, sich aus dieser Zwangslage zu retten, ist die Rückkehr zu einem Freund. In derselben Nacht hatte er einen anderen Traum:

Ich liege auf einem Bett. Ein schönes, aber liebloses Mädchen geht vorbei und kommt dann nahe an meinem Bett wieder zurück. Ich habe so getan, als schliefe ich, und sie aus halbgeschlossenen Augen beobachtet. Sie bleibt stehen und sagt ein paar nette Dinge über mich, dann geht sie dahin zurück, woher sie gekommen ist. Ich beginne, mit Freunden in der Ecke, dort wo der Tisch war, zu sprechen. Ich öffne die Augen und entdecke vier oder fünf Männer, die wie ich meinen, daß das Mädchen flatterhaft und gefährlich sei.

Nach diesen Träumen kann kein Zweifel sein, daß der Mann Angst vor Frauen hatte, die seiner Meinung nach alle möglichen gefährlichen Eigenschaften besaßen. Zu diesem Schluß war er nach dem Erlebnis, das er als Sechsjähriger mit einem Mädchen gehabt hatte, gekommen.

Einige Wochen danach bemerkte der Patient, daß er sich für eine junge Frau interessierte, die er bereits seit Jahren kannte, ohne daß sie auf ihn je Eindruck gemacht hätte. Er glaubte, daß sie ihn vielleicht heiraten wollte, was ihm zunächst große Angst bereitete. Der folgende Traum stammt aus dieser Zeit:

Ich kleide mich für meine Hochzeit an und bemerke, daß ich nur eine weiße Krawatte besitze. Ich ziehe daran, und sie fällt auseinander. Nach der Trauung spricht mir jemand sein Beileid aus, weil ich keine bessere Partie gemacht hätte. Ich versuche, meine Braut zu verteidigen, und stelle fest, daß ich tatsächlich nichts zu ihren Gunsten sagen kann.

Wir sehen, daß er Gründe sammelt, die ihn von einer Heirat abhalten könnten, aber er macht deutlich positive Fortschritte. Zwei Monate nach dem ersten Traum erinnerte er sich an folgenden:

Eine Gruppe von Leuten, Männer und Frauen in Abendkleidung, im Freien. Man verabschiedet sich. Eine schöne junge Frau sagt, daß sie allein nach Hause gehen werde. Zwei oder drei stehen eng beisammen und geben seltsame Laute von sich, und ich erkenne, daß sie Vampire sind. Die meisten von uns gehen in ein Haus, wir setzen uns und reden miteinander. Nach einer Weile begreife ich die Situation und sage: »Ist keiner von euch der Mann dieser Frau, die allein weggegangen ist? Habt ihr nicht bemerkt, daß die anderen Vampire sind, die ihr wahrscheinlich nachstellen?« Ich beginne, einen Suchtrupp mit Scheinwerfern zu organisieren.

Dieser letzte Traum zeigt zum erstenmal, daß er dabei ist, seine Einstellung gegenüber Frauen zu ändern. Er verhält sich ausgesprochen männlich als Beschützer einer schönen Frau und nimmt die Stelle ihres Mannes ein. Einen Monat nach diesem letzten Traum heiratete er. Früher war ihm und all seinen Bekannten eine Heirat ganz unmöglich erschienen. Spätere Informationen zeigten, daß seine früheren Schwierigkeiten nicht wieder auftraten. Seine Ehe ist glücklich, und er hat zwei Kinder.

8. Kindererziehung und Psychotherapie – einige praktische Aspekte

Es ist nur natürlich, daß die Individualpsychologie den psychologischen Umgang mit Problemen der Pädagogik sehr beeinflußt hat. Seit vielen Jahren sind Erziehungsberatungsstellen sehr wichtige Einrichtungen. Probleme, die früher umstritten oder sogar vernachlässigt wurden, werden heute als gegeben angesehen. Niemand praktiziert heute Erziehungsberatung, ohne die Familiensituation im einzelnen zu erkunden, denn das Ausmaß des elterlichen Einflusses auf die charakterliche Entwickung des Kindes ist immer mehr erkannt worden. Das Ergebnis ist, daß wir wirkungsvollere Maßnahmen ergreifen können, um gewisse familiäre Eigenarten zurückzudrängen oder zu fördern.

Bei der Behandlung eines Kindes muß die Kooperation der Eltern stets gesichert sein. Man wird kaum Erfolge erzielen können, wenn die Eltern Opposition beziehen. Mit Eltern, die ihre Kinder aus eigener Initiative in die Beratungsstelle bringen, ist die Zusammenarbeit gewöhnlich leichter als mit jenen, die erst später zu Hause kontaktiert werden. In der Regel tun Eltern meist ihr Bestes, um ihre Kinder zu erziehen; daher ist es kaum gerechtfertigt, ihnen die Schuld an den Fehlern ihres Kindes zuzuschieben. Bei schwierigen Kindern haben sie häufig alle ihnen bekannten Formen der Behandlung, von großer Strenge bis zur großen Nachsicht, ausprobiert. In solchen Fällen müssen Pädagogen die Eltern zur Beibehaltung einer Methode veranlassen, um dem Kind Zeit und Gelegenheit zu geben, neue Verhaltensmuster zu entwickeln. Das Wechseln von Erziehungsmethoden ist in der Regel ein Zeichen für Verzweiflung und mangelnde Hoffnung, daß das Verhalten des Jugendlichen geändert werden kann. Auch Pädagogen äußern Eltern gegenüber oft Hoffnungslosigkeit, etwa durch Aussagen wie: »Der Schaden ist bereits angerichtet.« Sie erkennen nicht, daß immer Schaden angerichtet worden ist, wenn ein Kind seinen Eltern Sorgen macht. Es gibt jedoch bei Kindern keine psychogenen Schwierigkeiten, die nicht behoben werden können. Man ist oft überrascht, wie schnell sich der Zustand eines Kindes bessert, wenn die Eltern neue Hoffnung schöpfen. Das kann man erreichen, wenn man ihnen versichert, daß der Zustand ihres Kindes vielversprechend sei, auch wenn es zu dem Zeitpunkt gerade ein echtes Problemkind ist. Das ist nicht gelogen, weil jedes Kind, das nicht geistig behindert ist, vielversprechend ist. Wann immer Eltern ihre Einstellung ändern, ändern sie wahrscheinlich auch die Behandlung ihres Kindes vollständig.

Allein die Tatsache, daß die Probleme des Kindes mit ihm durch Fremde und oft in Anwesenheit einer oder mehrerer Personen besprochen werden, kann sich günstig auswirken. Wenn die eigene Sichtweise erweitert wird, lassen sich Lösungen finden, die den Gesetzen zwischenmenschlicher Beziehungen eher entsprechen. Das ist der Fall, wenn Kinder sehen, daß ihre Probleme in einer neuen Atmosphäre und von einem unpersönlichen Blickwinkel aus objektiv besprochen werden.

Manchmal kann man bereits bei der ersten Sitzung unüberwindbare Barrieren aufbauen, wenn man nicht den richtigen Zugang findet, wenn man zum Beispiel die Hauptbeschwerde, aufgrund derer das Kind zum Arzt gebracht wurde, in seiner Gegenwart ständig wiederholt. Es ist sinnlos, das Kind zu beschuldigen, daß es in der Schule, zu Hause und bei seiner Arbeit faul sei, weil es das natürlich viel besser als der Arzt weiß. Und trotzdem weiß es nicht, wie es sein Problem lösen kann. Die Erfahrung hat gezeigt, daß in einer derartigen Situation das Kind oft den Eindruck gewinnt, der Arzt sei genauso hilflos wie es selbst, und das ist sicher kein guter Beginn für den Versuch einer Besserung. Man findet immer, selbst bei sehr schwierigen Kindern, gute Eigenschaften, und da sollte man ansetzen. Wenn das Kind gut zeichnen kann, sollte man es bitten, das nächste Mal ein paar Zeichnungen mitzubringen. Oft wird das Kind eine ganze Menge mitbringen und dadurch seine Bereitschaft zeigen zu kooperieren, sofern und solange es Anerkennung findet. Diese Beziehung liefert eine Basis, von der man ausgehen kann. Sie ermuntert das Kind, auf anderen Gebieten ähnlich zu handeln, und zeigt ihm, wie es in einer sozial produktiven Art und Weise erfolgreich sein kann.

Häufig sprechen Kinder beim Erstinterview nicht, und wann immer dies der Fall ist, sollte man auch nicht den Versuch machen, sie dazu zu zwingen, da das nur die Abwehrhaltung verstärkt. Ein Kind wird sicher zu sprechen beginnen, sobald sein Interesse sich regt. Oft sind überraschende Fragen von großem Wert – so könnte man zum Beispiel einem Kind, das den Therapeuten nicht anschaut und auch nicht spricht, die Frage stellen: »Wie alt, glaubst du, bin ich?« Solche Fragen zeigen dem Kind, daß man nicht Partei in einem Streit beziehen will, und sie wecken auch das Interesse des Kindes an der Person des Therapeuten.

Es ist oft schwer zu entscheiden, inwieweit man dem Kind seine psychische Situation erklären soll. Man kann ihm, wie einem Erwachsenen, immer nur so viel erklären, als es verstehen kann. Wieviel das ist, kann man an den Reaktionen des Kindes auf das Gesagte ablesen. Wenn ein Kind zum Beispiel zu gähnen beginnt, während man seine Situation mit ihm bespricht, so ist das ein untrügliches Zeichen dafür, daß man sich auf dem falschen Weg befindet und die Taktik ändern sollte. In der Regel wird ein Psychotherapeut um so schneller den von Fall zu Fall unterschiedlichen Zugang finden, je besser er ausgebildet ist. Für Therapeuten, die keine sehr umfassende Ausbildung genossen haben, ist es oft ratsam, mit Hilfe eines Fragebogens zu arbeiten, der verhindert, daß wichtige Fragen übersehen werden. Jeder Fragenkatalog sollte jedoch nur ein Leitfaden sein, und er allein ermöglicht es dem Therapeuten nicht, zu den Wurzeln der Probleme von Patienten vorzudringen. Im Anhang zu diesem Kapitel befindet sich ein Fragenkatalog, der sich als hilfreich erwiesen hat.

Psychotherapie umfaßt alle möglichen Methoden zur Heilung psychogener Schwierigkeiten. Man kann zwei Hauptrichtungen unterscheiden. Eine bemüht sich darum, die Symptome zu behandeln, die andere strebt eine Änderung der Gesamtpersönlichkeit an. Die erstgenannte Richtung bedient sich der Hypnose und anderer suggestiver Maßnahmen.

Laien stellen immer wieder die Frage, ob jemand gegen seinen Willen hypnotisiert werden könne. Dies ist zweifellos nicht der Fall. Hypnose beruht auf der Absicht des Patienten, die eigene Willenskraft aufzugeben und den Hypnotiseur zum absoluten Herrscher über sich selbst zu machen. Ohne diese Voraussetzung kann der Zustand niemals erreicht werden. Der Hypnotiseur versetzt den Patienten in einen Zustand des Scheinschlafes und suggeriert ihm dann, wie er sich während und nach der Hypnose fühlen und verhalten solle. Es leuchtet ein, daß man einen Patienten, dem man suggerieren kann, er schlafe ein, auch einreden kann, er fühle sich anschließend frei von Symptomen. Einer der vielen Nachteile dieser Methode ist es, daß man nach wenigen Stunden oder Tagen mit Rückfällen rechnen muß. Dies hängt mit der Tatsache zusammen, daß durch die Hypnose die Persönlichkeit nicht grundlegend geändert wird. Der Patient hat nur jemand anderem die Sorge für seine Probleme aufgeladen. Natürlich wird er bald wieder das Bedürfnis spüren, sich auf jemand anderen zu stützen. Daher kann es sein, daß er über Jahre hinweg immer wieder zum Hypnotiseur geht und nach der Hypnose jedesmal für kurze Zeit eine Erleichterung verspürt. Solche Patienten gewinnen immer mehr Erfahrung mit der Hypnose, und schließlich kann der Hypnotiseur diesen Zustand durch fast jede Handlung herbeiführen. Von einem Arzt ist bekannt, daß er eine Patientin hatte, die jeden Tag von ihm verlangte, sie wegen ihrer Schlaflosigkeit zu hypnotisieren, schließlich hypnotisierte er sie sogar jeden Abend telefonisch.

Es ist interessant zu beobachten, welche Gruppe von Menschen hypnotisiert werden kann. Hypnose wird in Europa häufiger als therapeutisches Mittel verwendet als in Amerika. Einer der Hauptgründe dafür ist, daß Amerikaner nur selten hypnotisiert werden können. Dies ist offensichtlich die Folge nationaler Unterschiede. Amerikaner werden dazu erzogen, der Freiheit und Unabhängigkeit einen hohen Stellenwert beizumessen. Daher neigen sie auch dazu, sich zu fragen, was es mit dem Hypnotiseur auf sich habe, der sie dazu anhält einzuschlafen und seine verschiedenen Befehle auszuführen. Europäer sind eher an Unterordnung gewöhnt, und sie sind daher auch offener für Hypnose und geneigt, für einige Zeit ihre Persönlichkeit aufzugeben. Ähnliches läßt sich auch über den großen hysterischen Anfall sagen, das heißt, über jene Form von Hysterie, die mit auffallenden Symptomen, wie Zittern, Weinkrämpfen und wilden Zuckungen, imponiert; sie tritt viel häufiger in primitiven Gesellschaften auf und ist äußerst selten in Amerika, wo ein derartiges Verhalten eher als ärgerlich und nicht als eindrucksvoll gelten würde. Schwer hysterische Menschen sind am anfälligsten für Hypnose. Suggestion hat Einfluß auf Heilungen an heiligen Stätten, wie zum Beispiel in Lourdes. Auf manche Menschen wirkt sie ähnlich wie Hypnose. Aber das neurotische Symptom kann auch hier nur bei Menschen beeinflußt oder zeitweilig geheilt werden, die an die Kraft solcher heiligen Stätten glauben.

Einige Menschen erfreuen sich großer Beliebtheit, weil sie besonders überzeugend zu Gruppen sprechen und einigen Menschen daraus suggerieren können, daß sie geheilt werden oder bereits geheilt seien. Dieser Mechanismus läßt sich in den meisten Formen der Gruppentherapie beobachten. Man darf dabei aber nicht vergessen, daß Menschen, wenn sie daran glauben, daß alles gutgehen werde, ihre Arbeit besser erledigen als zuvor und vielleicht dazu befähigt werden, von sich aus bleibende Verbesserungen herzustellen. Das trifft vor allem auf jene Menschen zu, die nicht ernsthaft krank waren. Religiosität wird für die Psychotherapie immer wichtiger. Die Zahl der Geistlichen, die über ein ausgezeichnetes Wissen auf diesem Gebiet verfügen, nimmt ständig zu. Jede Art der Psychotherapie ist nur auf eine bestimmte Gruppe von Menschen anwendbar, und daher ist auch die religiöse Psychotherapie in ihrer Wirkung ebenso beschränkt. Auf Menschen, die Religion ablehnen oder mit ihrer Sprache und ihren Bräuchen nicht vertraut sind, ist sie sicher nicht anwendbar. Andererseits gibt es aber auch Menschen, für die die Art und Weise, wie ein Geistlicher an Probleme herangeht, genau richtig ist. Die Zusammenarbeit mit einem Arzt ist Bedingung, wenn ein Nicht-Mediziner Neurotiker behandelt. Psychotherapeutische Schulen, die versuchen, die Gesamtpersönlichkeit zu ändern, sind Freuds Psychoanalyse, Adlers Individualpsychologie und Jungs Analytische Psychologie. Es ist hier nicht der Ort, um das komplizierte System der psychoanalytischen Psychotherapie im Detail zu diskutieren. Dies geschieht ausführlich in der psychoanalytischen Fachliteratur. Es ist bekannt, daß viele dafür, aber auch viele sehr dagegen sind. Die Schwierigkeit einer Bewertung der verschiedenen Formen von Psychotherapie wird noch verstärkt durch die Unsicherheit darüber, was denn eine Heilung oder einen Fehlschlag bewirkt habe. Es ist fraglich, ob wir unter all den in Frage kommenden Faktoren immer die erkennen, die zur Veränderung der Persönlichkeit geführt haben. Bei den verschiedenen Phasen der individualpsychologischen Psychotherapie müssen bestimmte Schritte beachtet werden. Der ausgebildete Psychotherapeut erkennt in der Regel ziemlich früh im Therapieprozeß die Ursache

und die Bedeutung der Probleme des Patienten. Anfänger übersehen oft, daß zwar sie selbst die Probleme des Patienten verstehen,
daß das aber noch nicht bedeutet, daß der Patient selbst sie auch
versteht. Wenn man ihm zu Beginn der Behandlung sagt, ihm fehle
es an Gemeinschaftsgefühl, er habe einen Minderwertigkeitskomplex und keine Courage usw., so wird dies nichts nützen, sondern
im Gegenteil nur schaden, auch wenn all das zutreffend wäre. Der
Patient muß diese Dinge, sofern sie tatsächlich vorhanden sind, von
sich aus feststellen. Die Frage ist nur, wie er zu dieser Einsicht
kommt. Wenn der Therapeut den Patienten zu früh mit seiner Meinung konfrontiert, kann das beim Patienten die Tendenz verstärken
zu glauben, der Therapeut habe unrecht. Neurotiker geben nicht
gern zu, daß andere recht haben. Einige Patienten aber sind sehr
darauf bedacht, allem, was der Arzt sagt, zuzustimmen, auch wenn
sie es nicht verstehen. Zugleich aber meinen sie, mit ihrer Zustim-
mung schon genug getan zu haben, und sie unternehmen keine weiteren Anstrengungen im Sinne einer Kooperation.
Jeder Beitrag des Patienten kann dazu verwendet werden, ihm
Grund und Bedeutung seiner Schwierigkeiten verständlich zu machen. So kann er sich zum Beispiel auf einen Stuhl in der Ecke setzen
und damit zu verstehen geben, daß er ein armer Sünder sei, der keinen bequemen Sessel verdiene. Dann kann man ihm erklären, wie
oft sich Menschen gern bescheiden geben, statt Besseres zu tun, und
sich damit der Verantwortung entziehen. Viele Leute erwarten tatsächlich von sich, daß sie gemein und niederträchtig sind, und sie
wissen bereits im vorhinein, daß sie als Ergebnis ihrer Handlungen
zu verschiedenen Gelegenheiten ein starkes »Schuldgefühl« verspüren werden. Aber anstatt es beim nächsten Mal anders zu machen,
wiederholen sie dieses Verhaltensmuster immer wieder.
Wie ein Patient schläft, enthüllt oft Charakterzüge, die ihm erklärt
werden können. Menschen, die das starke Bedürfnis haben, sich zu
isolieren, wickeln sich oft ganz in das Bettzeug ein, so daß man sie
kaum sieht. Alfred Adler beschrieb einen Patienten, einen Bewun-
derer Napoleons, der in der typischen napoleonischen Haltung
schlief. Was er an Napoleon bewunderte, war dessen Macht, andere
zu beherrschen. Wie schon erwähnt, kann die Verordnung von Medikamenten, besonders die Verabreichung von Narkotika und Seda-
tiva, während einer Psychotherapie schädlich sein. Der Patient

glaubt in der Regel, daß er von sich aus nicht gesund werden könne, und so ist es ihm angenehm zu glauben, er könne durch Medikamente geheilt werden. Diese Behandlung wird seine Persönlichkeit nicht ändern, sondern ihn dazu veranlassen, seinen bisherigen Lebensstil beizubehalten. Selbstverständlich müssen körperliche Krankheiten nach den anerkannten medizinischen Methoden behandelt werden, und oft ist es vorteilhaft, wenn dies durch einen anderen Arzt geschieht. Doch diese Frage muß in jedem Fall geklärt werden. Besonders bei neurotischer Schlaflosigkeit ist man oft versucht, eine scheinbar schnellere Heilung durch die Verabreichung von Schlafmitteln zu erreichen. In der Regel ergibt sich daraus aber ein Teufelskreis, und der Patient kann schließlich weder mit noch ohne Hypnotika schlafen. Oft benutzen diese Menschen ihre Schlaflosigkeit als Waffe, um sich selbst zu beweisen, daß sie am folgenden Tag nicht arbeiten können. Dies kann dem Patienten zuweilen verständlich gemacht werden, indem man ihm nahelegt, sich während der schlaflosen Stunden doch zu überlegen, worüber er am nächsten Tag mit dem Arzt reden möchte. Ein solcher Vorschlag führt manchmal zu einer Veränderung. Der Patient wird am nächsten Tag möglicherweise erklären, daß es ihm sehr leid tue, doch er habe nichts vorbereiten können, weil er die ganze Nacht geschlafen habe. Solche Phänomene sind das Ergebnis seines dauernden Strebens, einer Besserung Schwierigkeiten in den Weg zu legen. Wird ihm das erklärt, kann er vielleicht viele Symptome, die ihn bereits längere Zeit beschäftigt haben, verstehen.

Man muß immer bedenken, daß ein Patient durch seine Beziehung zum Psychotherapeuten all das lernen muß, was er in seinen bisherigen zwischenmenschlichen Beziehungen nicht gelernt hat. Die Therapeut–Patienten–Beziehung muß ihn auf eine spätere erfolgreiche Anpassung vorbereiten. Von diesem Standpunkt aus gesehen, ist es verständlich, daß die Individualpsychologie davon absieht, eine engere Beziehung zwischen Arzt und Patient aufzubauen, als dies im normalen Leben akzeptabel wäre. Hier unterscheidet sich die Individualpsychologie von der Psychoanalyse. In der psychoanalytischen Therapie soll eine starke Übertragung zwischen Arzt und Patient hergestellt werden, die später wieder abgebaut werden muß, und das Interesse des Patienten muß in andere Bahnen gelenkt werden, in Bahnen, die den Anforderungen der Wirklichkeit gerecht werden.

Ein weiteres Hindernis ist die Tendenz des Patienten, dauernd über Triviales zu sprechen, weil er offensichtlich vermeiden will, daß an seine wirklichen Schwierigkeiten gerührt wird. Das bedeutet eine Zeitverschwendung, und es ist, sofern möglich, wünschenswert, diese Phase abzukürzen.

Häufig kommt es zu Fehlschlägen, wenn der Therapeut ein übergroßes Interesse an einem Erfolg zeigt. Einige Therapeuten gehen so weit, ihren Patienten zu sagen, es sei ihr größter Wunsch, sie zu heilen. Neurotiker sind nicht bestrebt, anderen zu gefallen. Eine solche Haltung führt eher dazu, daß der Patient dem Arzt beweisen will, daß er unfähig zu helfen ist. In einer solchen Situation kann es sein, daß der Patient auf bewährte Verhaltensmuster zurückgreift, das heißt den Arzt ausbeutet und ihn zu seinem »Sklaven« macht. Er wälzt einen immer größeren Teil seiner Probleme und seiner Verantwortung auf den Arzt, da er ja erklärt hat, Heilung sei sein größter Wunsch.

Man darf an die Behandlung eines neurotischen Symptoms nicht direkt herangehen. Die Erfahrung hat gezeigt, daß ein Agoraphobiker, dem man rät, heute eine Straße allein zu überqueren, bei der nächsten Sitzung erklärt, er wäre dazu nicht in der Lage gewesen, obwohl er sich sehr bemüht hätte. Das wird als neue Waffe gegen den Psychotherapeuten verwendet, der ihm einen Rat gegeben hat, der undurchführbar war. Es ist nicht die Aufgabe des Arztes, für den Patienten zu denken, sondern ihn dazu zu befähigen, seinen eigenen Weg zu finden. Je deutlicher der Patient dies erkennt, desto besser für ihn. Vor einiger Zeit suchte mich ein junger Arzt auf. Er war ein Ärgernis für seine Familie, seine Freunde und besonders für zwei sehr nette junge Mädchen und ihre Familien. Monatelang hatte er mit ihnen darüber diskutiert und debattiert, ob er die eine Freundin, mit der er seit vielen Jahren eng befreundet war und an der er sehr hing, heiraten sollte oder nicht doch die andere, die er erst einige Monate kannte, von der er aber glaubte, daß sie ihn besser verstehe. Unter allen Betroffenen herrschte große Aufregung. Der Arzt war ein Einzelkind, das von seinen Eltern sehr verwöhnt worden war. Schließlich wurde entschieden, daß er sich einer Psychotherapie unterziehen solle. In unserer ersten Sitzung wollte er, daß ich für ihn entscheide, ob er die eine oder die andere Frau heiraten solle. Hätte ich entschieden, so hätte dies die Fortsetzung der schon bestehenden Situation bedeutet. Hätte ich zugunsten der ersten Freundin entschieden, hätte er sicher alle Vorzüge der zweiten hervorgehoben, und umgekehrt. Man muß erkennen, daß in einer solchen Situation das vom Patienten in den Vordergrund geschobene Problem nicht das grundlegende ist. Der Patient war offensichtlich nicht bereit, die Verantwortung und die Konsequenzen dieser Entscheidung auf sich zu nehmen. Für ihn wurde die ganze Angelegenheit zu einer Frage, bei welcher Heirat er sich besser stehe, eine Frage, die aber auf diese Weise nicht entschieden werden konnte, da beide Mädchen begehrenswert waren. Ich bemerkte wohl, daß er an der ersten Freundin mehr hing, weil er sie sonst längst verlassen hätte, trotzdem aber schlug ich ihm vor, die Frage durch das Werfen einer Münze zu entscheiden. Weil er aber natürlich merkte, daß ich nur scherzte, folgte er dem Rat nicht. Wie vorauszusehen war, konnte er die Frage nach einer grundlegenden positiven Veränderung seiner Persönlichkeit entscheiden. Er heiratete dann die erste Freundin. Man wird oft gefragt, ob Patienten während der Therapie Bücher über psychische Krankheiten lesen sollen. Zweifellos kann jede Erweiterung des Wissens vorteilhaft sein. Aber wenn ein Patient noch immer glaubt, daß ihm nicht geholfen werden könne, wird er aus diesen Büchern immer herauslesen, daß seine Form der Neurose unheilbar ist. Er wird alle beschriebenen Symptome an sich selbst entdecken und wird das neu erworbene Wissen dazu mißbrauchen, neue Symptome aufzubauen. Wenn er in der Therapie so weit fortgeschritten ist, daß er das Gelesene zu seinem Vorteil anwenden kann, bestehen keine Einwände gegen die Lektüre von psychologischer Literatur. Er sollte dabei aber nicht alleingelassen werden, und falsche Interpretationen sollten richtiggestellt werden.

Zuletzt soll auch auf Schwierigkeiten hingewiesen werden, die bei der Behandlung von Patienten in einer psychiatrischen Einrichtung auftreten. Wenn der Psychotherapeut im selben Gebäude wohnt, wird der Patient meist versuchen, den Arzt bei der Visite aufzuhalten und all seine Zeit in Anspruch zu nehmen. Man muß alles unternehmen, um eine solche Situation zu vermeiden. Es ist leichter, wenn der Therapeut sich nur zu bestimmten Stunden in der Klinik aufhält und zu keiner anderen Zeit verfügbar ist.

In der letzten Phase der Psychotherapie soll der Patient dazu befähigt werden, sein neu erworbenes Wissen zum Verständnis seiner Neurose zu verwenden. Man darf zu diesem Zeitpunkt erwarten, daß er sich gegenüber der Gesellschaft, dem Beruf und dem anderen Geschlecht geändert hat. Bei seinen neuen Aktivitäten mag er zunächst noch Fehler machen und Rückschläge erleiden. Es ist dann die Pflicht des Psychotherapeuten, als eines unparteiischen Beobachters, ihm zu helfen und ihn zu leiten.

Wann ist Psychotherapie angezeigt? Heutzutage ist es gewissen Leuten zur Gewohnheit geworden, bei jeder Art von psychischer Störung eine Psychotherapie vorzuschlagen. Solche enthusiastischen Befürworter der Psychotherapie machen sich häufig unbeliebt. Jeder Mensch erlebt Trauer und Enttäuschungen, die natürlich seine ganze Persönlichkeit eine Zeitlang negativ beeinflussen können, sie werden aber seine normalen Aktivitäten nicht permanent stören. Von gesunden Menschen darf man erwarten, daß sie sich von den meisten tragischen psychischen Schocks selbst erholen. Sonst gäbe es auf der Erde nur mehr Nervenbündel. Psychotherapie ist immer dann indiziert, wenn der Patient sich nicht selber helfen kann. Solche Menschen zeigen nach einem Schock keine Zeichen von Besserung, sondern entwickeln immer mehr neurotische Symptome. Psychotherapie ist angezeigt bei Menschen, die sich immer weiter von einer realistischen Lösung entscheidender Lebensprobleme wegbewegen und eine Belastung für die Menschheit und sich selbst darstellen.

Alfred Adlers Fragebogen
Zum Verständnis und für die Behandlung von Problemkindern

1. Seit wann gibt es Grund zur Klage? In welcher Situation (psychisch und auch sonst) befand sich das Kind, als seine Schwäche zum erstenmal bemerkt wurde?

2. Wurden bereits früher Eigenheiten, die auf eine seelische oder körperliche Schwäche hinweisen, bemerkt, zum Beispiel Ängstlichkeit, Sorglosigkeit, Verschlossenheit, Unbeholfenheit, Neid, Eifersucht, Abhängigkeit von anderen beim Essen, Anziehen, Waschen und Schlafengehen? Hatte das Kind Angst vor dem Alleinsein oder vor der Dunkelheit? Versteht es seine Rolle als Junge bzw. Mädchen? Irgendwelche primäre, sekundäre oder tertiäre Geschlechtsmerkmale? Wie steht es zum anderen Geschlecht? Wie weit ist es über seine sexuelle Rolle aufgeklärt? Ist es ein Stiefkind? Unehelich? Ein Pflegekind? Ein Waisenkind? Wie haben es die Pflegeeltern behandelt? Besteht noch Kontakt zu ihnen? Lernte es zur richtigen Zeit sprechen und gehen? Ohne Schwierigkeiten? Bekam es die Zähne ganz normal? Gab es auffällige Schwierigkeiten beim Schreiben-, Zeichnen-, Singen- und Schwimmenlernen? Hängt es besonders am Vater oder an der Mutter, den Großeltern, an seinem Kindermädchen?

3. Verursacht das Kind viele Probleme? Was und wen fürchtet es am meisten? Schreit es in der Nacht? Leidet es an Einnässen? Ist es schwächeren Kindern oder auch stärkeren Kindern gegenüber dominant? Schlief es gern im Bett der Eltern? War es schwerfällig? Litt es an Krankheiten? Wie steht es mit seiner Intelligenz? Wurde es viel gehänselt und verlacht? Ist das Kind eitel, was sein Haar, seine Kleidung, seine Schuhe usw. betrifft? Beißt es an seinen Nägeln oder bohrt es oft in seiner Nase? Ist das Kind gierig beim Essen?

4. Freundet sich das Kind mit anderen leicht an? Zeigt es Toleranz Menschen und Tieren gegenüber oder belästigt und quält es sie?

Sammelt oder hortet das Kind Dinge? Zeigt es Geiz und Habgier? Ist es eine Führernatur? Tendiert das Kind dazu, sich zu isolieren?

5. Wie sieht die gegenwärtige Situation des Kindes in bezug auf die obigen Fragen aus? Wie verhält sich das Kind in der Schule? Geht es gern zur Schule? Ist es pünktlich? Ist es bei Übungen und Prüfungen aufgeregt? Vergißt es die Hausaufgaben oder weigert es sich, sie zu machen? Verschwendet es Zeit? Ist es faul? Ist ein Mangel an Konzentration festzustellen? Stört es die Klasse? Wie steht das Kind zum Lehrer / zur Lehrerin? Ist es ihm / ihr gegenüber kritisch, arrogant oder gleichgültig? Bittet es andere um Hilfe bei den Aufgaben oder wartet es darauf, dazu aufgefordert zu werden? Ist es auf sportlichem Gebiet ehrgeizig? Hält das Kind sich für relativ oder ganz untalentiert? Liest es viel? Welche Art von Literatur bevorzugt es?

6. Korrekte Information über familiäre Gegebenheiten, Krankheit in der Familie, Alkoholismus, kriminelle Tendenzen, Neurosen, Debilität, Syphilis, Epilepsie, Lebensstandard, Todesfälle in der Familie? Wie alt war das Kind damals? Ist es ein Waisenkind? Wer ist die dominante Kraft in der Familie? Ist die Erziehung zu Hause streng, wird viel genörgelt und gescholten, oder ist sie nachsichtig? Machen die häuslichen Einflüsse dem Kind Angst vor dem Leben? Wie sieht es mit der Beaufsichtigung aus?

7. Welches ist die Position des Kindes hinsichtlich seiner Stellung in der Familienkonstellation? Ist es das älteste, das jüngste, das einzige Kind, der einzige Junge, das einzige Mädchen? Gibt es Rivalität, viel Geschrei, bösartiges Lachen, eine starke Tendenz, andere herabzusetzen?

8. Hat das Kind schon Vorstellungen bezüglich seines künftigen Berufs? Was denkt es über die Ehe? Welche Berufe üben die anderen Familienmitglieder aus? Wie sieht die Ehe der Eltern aus?

9. Was sind seine Lieblingsspiele, Lieblingsgeschichten, Lieblingsgestalten in Geschichte und Literatur? Stört es gern die Spiele anderer Kinder? Ist es phantasiebegabt? Ist es ein kühler Denker? Hängt das Kind gern seinen Tagträumen nach?

10. Die frühesten Erinnerungen? Eindrucksvolle oder wiederholte

Träume vom Fliegen, Fallen, von Machtlosigkeit, Zu-spät-zum-Zug-Kommen, Angstträume?

11. Auf welchem Gebiet ist das Kind entmutigt? Sieht es sich selbst als vernachlässigt? Reagiert es bereitwillig auf Aufmerksamkeit und Lob? Ist es abergläubisch? Weicht es Schwierigkeiten aus? Probiert es verschiedene Dinge, nur um sie wieder aufzugeben? Ist das Kind unsicher über seine Zukunft? Glaubt es an schädliche Wirkungen der Vererbung? Wurde es von den Menschen in seiner Umgebung systematisch entmutigt? Ist seine Einstellung zum Leben pessimistisch?

12. Hat es verschiedene Angewohnheiten und schlechte Verhaltensweisen, zum Beispiel Grimassieren? Täuscht es vor, dumm, kindisch oder komisch zu sein?

13. Hat es Sprachstörungen? Ist es häßlich? Hat es Klumpfüße, X-Beine oder O-Beine? Ist es verkrüppelt, abnormal dick, groß? Schlecht proportioniert? Hat es konstitutionelle Seh- oder Hörschwächen? Ist das Kind geistig zurückgeblieben? Ist es Linkshänder? Schnarcht es in der Nacht? Ist es besonders hübsch?

14. Spricht es oft über seine Unfähigkeit, sein mangelndes Talent für die Schule, die Arbeit, das Leben? Hegt es Selbstmordgedanken? Gibt es einen zeitlichen Zusammenhang zwischen seinem Versagen und seinen Schwierigkeiten? Überschätzt es sichtbaren Erfolg? Ist es servil, bigott, rebellisch?

15. Nennen Sie Gebiete, auf denen das Kind erfolgreich ist.

Danksagung

Ich möchte diese Gelegenheit nutzen, um Dr. Tracy J. Putnam, dem Leiter der neurologischen Abteilung des *Boston City Hospital*, in dessen Abteilung ein Großteil der Arbeit fertiggestellt worden ist, meinen Dank auszudrücken. Dr. Putnam hat großzügig seine Zeit geopfert, um das Manuskript durchzusehen und wertvolle Vorschläge zu machen.

Das Typoskript und die Druckfahnen wurden von Dr. Marianna Taylor vom *Massachusetts General Hospital* in Boston gelesen. Die Autorin ist ihr für ihre Hilfe und für alles, was sie zur Verbesserung des Buches getan hat, sehr dankbar.

Ich schätze mich glücklich, in Villa T. West, Sozialarbeiterin des *Boston City Hospital*, eine wertvolle Mitarbeiterin in der Nachbehandlung einiger Patienten gehabt zu haben, und so möchte ich auch ihr danken. Eine solche Zusammenarbeit mit einer psychiatrisch gut ausgebildeten Sozialarbeiterin ist von großem Wert. In manchen Fällen kann er auch der ausschlaggebende Faktor bei der Behandlung oder der Wiedereingliederung eines Patienten in die Gesellschaft sein.

ALEXANDRA ADLER, M.D.

Namen- und Sachregister

Alfred Adler
Werkausgabe

Herausgegeben von Oliver Brachfeld (†), Wolfgang Metzger (†),
Heinz L. Ansbacher und Robert F. Antoch

Fischer Taschenbuch Verlag

Geist und Psyche
Begründet von Nina Kindler 1964

Psychoanalyse

Hilda Abraham
Karl Abraham
Band 42213

Raymond Battegay
**Psychoanalytische
Neurosenlehre**
Band 42279

J. Cremerius /
Sven O. Hoffmann /
W. Trimborn
**Psychoanalyse, Über-Ich
und soziale Schicht**
Band 42206

Kurt R. Eissler
**Todestrieb, Ambivalenz,
Narzißmus**
Band 42208

Sándor Ferenczi
**Zur Erkenntnis
des Unbewußten**
und andere Schriften
zur Psychoanalyse
Band 42194

Anna Freud
**Das Ich und die
Abwehrmechanismen**
Band 42001
**Einführung in die Technik
der Kinderanalyse**
Band 42111

André Haynal
**Die Technik-Debatte
in der Psychoanalyyse**
Freud, Ferenczi, Balint
Band 42311

Werner W. Kemper
**Der Traum und
seine Be-Deutung**
Band 42184

Melanie Klein
Ein Kind entwickelt sich
Band 42222
**Die Psychoanalyse
des Kindes**
Band 42291

Thomas Köhler
**Abwege der
Psychoanalyse-Kritik**
Band 42318

Fischer Taschenbuch Verlag

Geist und Psyche
Begründet von Nina Kindler 1964

Psychoanalyse

Fischer Taschenbuch Verlag

fi 350 / 8 b

Geist und Psyche
Begründet von Nina Kindler 1964

Große Psychologen

Eric Berne
**Was sagen Sie,
nachdem Sie
»Guten Tag« gesagt
haben?**
Band 42192
**Struktur und Dynamik
von Organisationen
und Gruppen**
Band 42201

Bruno Bettelheim
Aufstand gegen die Masse
Band 42217
Die Geburt des Selbst
Band 42247

Anna Freud
**Das Ich und die
Abwehrmechanismen**
Band 42001
**Einführung in die
Technik der
Kinderanalyse**
Band 42111

Georg Groddeck
Der Mensch als Symbol
Band 42174

Karen Horney
**Neurose und
menschliches Wachstum**
Band 42143
Unsere inneren Konflikte
Band 42104
**Neue Wege in der
Psychoanalyse**
Band 42090
**Der neurotische Mensch
unserer Zeit**
Band 42002
Die Psychologie der Frau
Band 42246

C. G. Jung
Welt der Psyche
Band 42010

Melanie Klein
**Frühstadien des
Ödipuskomplexes**
Band 42268
**Ein Kind
entwickelt sich**
Band 42222

Fischer Taschenbuch Verlag

Geist und Psyche
Begründet von Nina Kindler 1964

Große Psychologen

Melanie Klein
Die Psychoanalyse des Kindes
Band 42291

Fritz Morgenthaler
**Homosexualität,
Heterosexualität,
Perversion**
Band 42285

Fritz Morgenthaler,
Florence Weiss,
Marco Morgenthaler
**Gespräche am
sterbenden Fluß**
Band 42267

Erich Neumann
**Tiefenpsychologie
und neue Ethik**
Band 42005
**Ursprungsgeschichte
des Bewußtseins**
Band 42042
**Zur Psychologie des
Weiblichen**
Band 42051

Paul Parin, Fritz Morgenthaler,
Goldy Parin-Matthey
Die Weißen denken zuviel
Band 42079

Carl R. Rogers
Encounter-Gruppen
Band 42260
**Die klientenzentrierte
Gesprächspsychotherapie**
Band 42175
Die Kraft des Guten
Band 42271
**Die nicht-direktive
Beratung**
Band 42176
Partnerschule
Band 42236
Therapeut und Klient
Band 42250

D. W. Winnicott
**Von der Kinderheilkunde
zur Psychoanalyse**
Band 42249
**Reifungsprozesse und
fördernde Umwelt**
Band 42255
**Familie und individuelle
Entwicklung**
Band 42261

Fischer Taschenbuch Verlag

Geist und Psyche
Begründet von Nina Kindler 1964

Neuere Psychotherapien

Gaetano Benedetti
**Der psychisch Leidende
und seine Welt**
Band 42139

Eric Berne
**Was sagen Sie, nachdem Sie
»Guten Tag« gesagt haben?**
Band 42192
**Struktur und Dynamik
von Organisationen
und Gruppen**
Band 42201

Bruno Bettelheim
Aufstand gegen die Masse
Band 42217
Die Geburt des Selbst
Band 42247

Medard Boss
**Sinn und Gehalt der
sexuellen Perversionen**
Band 42080

Hilde Bruch
**Grundzüge der
Psychotherapie**
Band 42295

Gion Condrau
**Einführung in die
Psychotherapie**
Band 42115

Gesellschaft für
wissenschaftliche
Gesprächstherapie
**Die klientenzentrierte
Gesprächspsychotherapie**
Band 42149

Herbert Goetze/Wolfgang Jaede
Die nicht-direktive Spieltherapie
Band 42262

Martin Grotjahn
**Kunst und Technik
in der Analytischen
Gruppentherapie**
Band 42270

Institutsgruppe Psychologie
der Universität Salzburg (Hg.)
Jenseits der Couch
Band 42264

Abraham A. Maslow
Psychologie des Seins
Band 42195

Gertrud Orff
Die Orff-Musik-Therapie
Band 42193

O.G. Wittgenstein
**Märchen, Träume,
Schicksale**
Band 42300
**sagen – hören – sehen
Von den Entbindungen des
Bewußtseins**
Band 42257

Fischer Taschenbuch Verlag